真宗法名字選

中山書房仏書林

目次

凡例

*この法名字選では、主として浄土三部経その他の聖教などから、法名および院号に適切な漢字を選んだ。

*見出し語の配列は、およそ呉音による五十音順とした。

*使用者の便宜のために柏原祐義編『真宗聖典』法蔵館版を用い、その頁数をつけ出典を明示した。

*出典を明示した聖教は、『三部経』『正信偈』『和讃』『教行信証』である。

*聖教では熟語となっていないが法名として適切と思われる二字を採用したものもある。それも一応出典を示した。

*頁数のない場合は、古来用いられているものについて、適切な漢字を抜粋した。

*なお、選字については編者の取捨選択によるものである。

*下段には左記の略記号を使用した。

大……無量寿経　観……観無量寿経
小……阿弥陀経　正……正信偈
和……和讃　本……教行信証（御本書）

智

―海 23……下段㉓を見よ（智海）
深― 40…下段㊵を見よ（深智）

真宗聖典の頁数
㉓正213　和236　本313　㊵大15
正信偈　和讃　教行信証　大無量寿経

ア

阿

―証　―照　―城

哀

―婉1　―雅2　―愍3　矜4―

愛

―楽(ぎょう)5　―敬6　―語7　―心8　―法9　―宝10　月11―　喜12―　敬13―　仁14―　博15―

安

―慈　―爾　―瑆　慈―　信―　宝―

―慰16　―穏17　―住18　―詳19　―養20　―明21　―諦22　―楽23　―立24　至25―　大26―

―恵　―海　―行　―昌　―靖　―禅　―邦　―理　永―　建―　寿―

イ

易

清―　斉―　静―　長―　道―　豊―

―往27　―行28　―道(やくどう)29　―恵　―樹　―修　―進　―由　―雄　正―

威

―儀30　―顔31　―光32　―重33　―神34　―相35　―徳36　―容37　―曜38　―力39　―雲

―行　―厳　―正　―信　―堂　―友　重―　声―　清―　泰―　到―

偉

―功　―顕　―哉　―勝　―燈　―法　―望　―雄

為

―華40　―善41　―道42　―徳43　無44―　―正　―順　―信　―明　改―　元―

意

真―専―大―文―献―

―力45　快46―　願47―　教48―　正49―　随50―　専51―　道52―　―快　―覚　―寛

―楽(ぎょう)　―倹　―厚　―専　―宝　―了　有―　真―　精―　定―　禅―

---

①和224　②観138　③大21　④大15　⑤本322　⑥大13　⑦大40　⑧正208　⑨大76　⑩大97　⑪本373　⑫正208　⑬大83　⑭大59　⑮大108　⑯観167和220　⑰大21本273　⑱大8　⑲大55　⑳大81正213本265　㉑大17　㉒大11　㉓大42正210和221　㉔大62　㉕正213　㉖大20和220　㉗大81和230　㉘正210和234　㉙大94　㉚観162　㉛大15　㉜和225本503　㉝観127　㉞大19　㉟大60　㊱大112観166和237本296　㊲大14　㊳大38　㊴大47　㊵大49　㊶大108　㊷大85　㊸大108　㊹正215　㊺大79　㊻大86　㊼大68　㊽本326　㊾大92正209本318　㊿大34　(51)大66　(52)大10本274

ウ

達―　調―　法―

維

綱―[1]　―城　―信　―芳　天―

一

―義[2]　―向[3]　―光[4]　―実[5]　―珠[6]　―乗[7]　―浄[8]　―心[9]　―諦[10]　―幢[11]　―道[12]

―如[13]　―念[14]　―味[15]　喜―[16]　―軌　―帰　―声　―誠　―尋　―洗　―夢

―蓮　守―　純―　太―　徳―　抱―

逸

―恒　―綱　―雄　―友　高―　超―

引

招―[17]　接―[18]　―接(じょう)　雲―　勧―　唱―　証―　称―　尋―　導―

因

―行[19]　―順[20]　―力[21]　正―[22]　勝―[23]　真―[24]　相―[25]　徳―[26]　博―[27]　―応　順―

善―　楽―　了―　良―

韻

―向　―高　雅―　松―　清―　鐘―　泉―　爽―　操―

有

―実[28]　―温　―慶　―功　―秀　―淳　―正　―承　―祥　―徹　―道

―徳　―聞　専―

雲

―集[29]　華―[30]　光―[31]　紫―[32]　慈―[33]　重―[34]　―蔭　―英　―霞　―閑　―暉

―桂　―迎　―源　―根　―樹　―章　―照　―靖　―浄　―随　―泉

―荘　―端　―頂　―道　―峰　―夢　―友　―遊　―曜　―来　―林

---

①大90　②観158本379　③大39　④観142　⑤和240本271　⑥観142　⑦大77和227本270　⑧大77　⑨大95観143小177　⑩本379　⑪観142　⑫和250本337　⑬和225　⑭大64観158　⑮正208　⑯正213　⑰本291　⑱観149　⑲本430　⑳大57　㉑大79　㉒観131本324　㉓本432　㉔本292　㉕大98　㉖小177　㉗本321　㉘小175　㉙観152　㉚観141　㉛和220本428　㉜和247　㉝本300　㉞大78

｜輪　｜長　堯｜　暁｜　慶｜　香｜　祥｜　瑞｜　青｜　白｜　法｜

芳｜　凌｜　麗｜

エ

運

｜載[1]　｜岸　｜行　｜恵　｜昇　｜祥　｜乗　｜城　｜心　啓｜　広｜

正｜　清｜　聖｜　任｜　法｜

依

｜正[2]　｜恵　｜信　｜道　敬｜　香｜

廻

｜光[3]　｜入[4]　｜流[5]　｜心　｜施

恵

｜施[6]　｜利[7]　慈[8]｜　｜雲　｜運　｜敬　｜慶　｜空　｜現　｜咸　｜晃

｜行　｜剛　｜正　｜省　｜章　｜証　｜勝　｜昭　｜璋　｜秀　｜定

｜俊　｜舜　｜春　｜隼　｜遵　｜順　｜準　｜淳　｜信　｜声　｜静

｜実　｜寿　｜水　｜貞　｜典　｜澄　｜灯　｜得　｜道　｜忍　｜念

｜然　｜伯　｜博　｜法　｜遍　｜文　｜明　｜門　｜耀　｜隆　｜龍

｜良　｜了　｜亮　｜量　｜林　｜麟　教｜　旭｜　学｜　公｜　広｜

晃｜　光｜　観｜　見｜　性｜　彰｜　秀｜　遵｜　順｜　静｜　爽｜

聡｜　上｜　乗｜　専｜　大｜　卓｜　定｜　徳｜　得｜　仁｜　敏｜

福｜　弁｜　文｜　頼｜　了｜　龍｜　量｜

---

①大78本316　②和222　③大68　④正208和254　⑤大55　⑥大85　⑦大40　⑧大59

慧

ー海[1]　ー義[2]　ー眼[3]　ー見[4]　ー光[5]　ー高[6]　ー声[7]　ー聖[8]　ー成[9]　ー上[10]　ー深[11]

ー日[12]　ー明[13]　ー由[14]　ー勇[15]　ー力[16]　願ー[17]　功ー[18]　広ー[19]　持ー[20]　勝ー[21]　定ー[22]

浄ー[23]　信ー[24]　善ー[25]　禅ー[26]　智ー[27]　仏ー[28]　法ー[29]　明ー[30]　通ー[31]　ー覚　ー岳

ー寛　ー観　ー香　ー考　ー皎　ー皓　ー慈　ー昭　ー照　ー周　ー定

ー浄　ー城　ー心　ー真　ー深　ー沢　ー澄　ー貞　ー道　ー忍　ー念

ー博　ー文　ー遍　ー明　ー門　ー利　ー林　ー量　学ー　見ー　憲ー

実ー　秀ー　性ー　上ー　定ー　静ー　爽ー　聡ー　徳ー　仁ー　敏ー

福ー　弁ー　頼ー　了ー

永

ー安　ー堅　ー建　ー紘　ー康　ー興　ー昌　ー正　ー証　ー照　ー信

ー真　ー諦　ー泰　ー貞　ー寧　一ー　行ー　清ー　悠ー　隆ー

詠

ー雪　雅ー　玩ー　嘯ー　清ー

英

光ー[32]　世ー[33]　宝ー[34]　ー雲　ー覚　ー岳　ー教　ー鏡　ー規　ー玉　ー憲

ー彦　ー康　ー香　ー晃　ー高　ー広　ー華　ー昭　ー彰　ー昌　ー称

ー秀　ー舜　ー俊　ー春　ー浄　ー成　ー淳　ー順　ー樹　ー辰　ー新

ー信　ー心　ー大　ー哲　ー瑞　ー肇　ー道　ー風　ー文　ー芳　ー隆

---

①大71　②大15　③大76本416　④大15和226　⑤大77観151和221　⑥大57　⑦大56　⑧大13　⑨大72　⑩大7　⑪大20　⑫大68本265　⑬大89　⑭大77　⑮大64　⑯大39　⑰大7　⑱大39　⑲本321　⑳大17　㉑本322　㉒大16観166　㉓大38　㉔大7本274　㉕本275　㉖大12　㉗大64正207和220　㉘大71　㉙大18　㉚大76本280　㉛大56　㉜大7　㉝大14　㉞大7

―亮 ―霊 ―龍 ―良 ―林 ―利 雲― 賢― 玄― 香― 秋―
晶― 祥―

映

―現[1] ―徹[2] ―雲 ―霞 ―鏡 ―光 ―紫 ―照 ―徳 暉― 玉―
顕― 賢― 厳― 晄― 珠― 清― 闡― 文― 芳― 耀― 流―
龍― 了―

暎

―芳[3] 玄― 龍―

栄

―顕 ―響 ―秀 ―樹 ―順 ―昌 ―松 ―祥 ―照 ―心 ―信
―俊 ―泉 ―暢 ―道 ―範 ―了 ―林 恩― 嘉― 義― 玉―
欣― 賢― 顕― 晃― 昭― 滋― 寿― 潤― 浄― 常― 静―
清― 善― 宗― 長― 鳳― 宝―

営

―護[4] ―務[5] ―真 ―誉

瑩

―紹 ―明 ―良 円― 鏡― 厳― 珠― 秀― 晶― 清― 沢―
澄― 宝―

影

―現[6] ―暢[7] 電[8]― ―護 ―向 ―真 ―随 義― 玉― 顕― 珠―
昭― 清― 徳― 泡―

---

①観137 ②大55観133 ③和247 ④大101 ⑤大81 ⑥和230 ⑦大14 ⑧大69

盈
―満[1]　―功　―泉　―徳　―豊　浄―

鋭
―機　―勲　―慈　―精　―明　盛―　聡―　勇―

衛
範[2]―　―道　―理　俊―　敏―　明―

頴
―悟　―哲　―敏　―利　嘉―　秀―　俊―　彰―

叡
―成　―哲　―明

益
照[3]―（やく）　大[4]―（やく）　饒[5]―（やく）　―謙　―讃　―信　―道　―法　―友　―雄　往―

悦
現―　広―　照―　摂―　増―　得―　要―　―可[6]　―体[7]　―豫[8]　歓[9]―　欣[10]―　心[11]―　和[12]―　―雲　感―　喜―　禅―　容―

延
―恵　―香　―寿　―明

炎
―王[13]　―照[14]　光[15]―

錟
―王[16]　―光[17]　―明[18]　―耀[19]　光[20]―　宝[21]―

円
―光[22]　―修[23]　―正[24]　―通[25]　―頓[26]　―満[27]　―融[28]　智[29]―　―影　―応　―音
―穏　―覚　―教　―鏡　―穹　―空　―慈　―乗　―浄　―譲　―成
―心　―信　―相　―智　―池　―諦　―曜　―勇　―理　―龍　―隆

---

①大54　②本471　③本433　④本326　⑤大76　⑥大24　⑦大55　⑧大14　⑨本412　⑩大74　⑪大21　⑫大125　⑬正207和220　⑭本413　⑮和220　⑯大45　⑰大17　⑱大19　⑲大19　⑳大51　㉑大17　㉒観146　㉓本300　㉔観138　㉕和233　㉖和238　㉗大77正213　㉘本265　㉙和225

オ

園
洪― 広― 現― 大― 湛― 澄― 道― 範― 妙― 輪―
華― 玉― 賢― 香― 好― 松― 章― 彰― 周― 仙― 洞―
徳― 文― 法― 芳― 宝― 礼―

淵
―奥 ―雅 ―玄 ―源 ―深 ―湛 ―澄 ―明 玉― 洪― 重―

演
照― 真― 仁― 清― 静― 道― 碧―
―慈[1] ―大[2] ―暢[3] ―法[4] ―妙[5] 敷[6]― ―正 ―施 ―良 広― 浄―

縁
宣― 増― 泰― 妙―
―慈[7] ―力[8] 化[9]― 強[10]― 随[11]― 法[12]― 慶― 近― 勝― 証― 上―
浄― 親― 宗― 善― 道― 妙―

婉
―雅 ―順 ―容 ―麗 淑― 清― 貞―

艶
―祐 香― 清― 芳―

王
炎[13]― ―慈 ―明 ―義 ―信

旺
―興 ―研 ―盛 ―徳

往
―詣[14] ―還[15] ―覲[16] ―相[17] 皆[18]― 悉[19]― 即[20]― 得[21]― 当[22]― 乃[23]― 易[24]―
欲[25]― 来[26]― ―願 ―現 ―源 ―身 ―益 蔵― 知―

---

①大13　②大38　③大74小174　④大10　⑤観153　⑥大23　⑦観147　⑧大79　⑨和247　⑩和246　⑪和225　⑫大52　⑬大45正207　⑭大9　⑮正212　⑯大67和223　⑰和238本267　⑱大119　⑲大67　⑳大64小177　㉑大64観155　㉒大119観128　㉓大16　㉔大81和230　㉕大70　㉖大75

奥

盡[1]―　―恵　蘊―　淵―　弘―　玄―　精―　―秀　俊―　深―　堂―

―蔵

横

―[2]截　―[3]超

応

―[4]観　―[5]感　―[6]化　―[7]現　―[8]称　―[9]生　―[10]信　―[11]念　―[12]法　皆[13]―　示[14]―

随[15]―　誓[16]―　相[17]―　福[18]―　―規　―声　―爾　―節　―方　―報　―和

円―　祥―　照―　正―　信―　瑞―　善―　仲―　普―　隆―

翁

―願　―寿　―身

憶

―[19]持　―[20]想　―[21]念　恒[22]―　―思

音

―[23]暢　雅[24]―　楽[25]―　勝[26]―　大[27]―　悲[28]―　法[29]―　梵[30]―　妙[31]―　聞[32]―　鸞[33]―

龍[34]―　―樹　恵―　円―　瑞―　馨―　香―　昭―　清―　紫―　相―

知―　潮―　徳―　宝―　明―　理―　鈴―

恩

―[35]厚　―[36]好　―[37]田　―[38]徳　慈[39]―　誓[40]―　想[41]―　大[42]―　知[43]―　報[44]―　―栄

―海　―化　―光　―好　―沢　―地　―典　―篤　―誘　―流　恵―

厚―　殊―　聖―　深―　積―　宣―　法―　豊―

温

―[45]雅　―[46]涼　―恵　―謙　―淳　―純　―敏　―裕　―養　―良　―了

---

①大20　②大81　③正209　④観150　⑤大39　⑥正211　⑦和230　⑧観167　⑨本292　⑩正208　⑪大60　⑫大34　⑬観142　⑭正211　⑮大51　⑯正210　⑰大91正213　⑱大59　⑲観144　⑳本447　㉑観169正210和251本279　㉒小134　㉓大68　㉔大67小174　㉕大53和224　㉖小179　㉗大19　㉘観168　㉙大10小175　㉚観166小180　㉛大60小178　㉜大52　㉝大18　㉞大18　㉟本509　㊱大87　㊲本390　㊳大89和254　㊴大89和244　㊵正210　㊶大87　㊷和229　㊸本352　㊹本359　㊺大61　㊻大61

—昭

遠
—観[1]　—照[2]　久[3]—　光[4]—　深[5]—　長[6]—　—寂　—想　凝—　香—　宏—
察—　昭—　清—　重—　宗—　道—　明—　妙—　悠—　理—

穏
安[7]—　光—

カ

化
化(け)を見よ

可
—信[8]　悦[9]—　—彰　—貞　—楽　印—　開—　定—

河
—雲　—漢　—源　—潤

荷
—蔭　—恩　円—　香—　紅—　殊—　仙—　芳—　露—

華
華(け)を見よ

夏
—証　—清　—涼

佳
—栄　—境　—玉　—趣　—樹　—致　—法　—妙　—遊　—祐　清—
精—　幽—　麗—

霞
映—　烟—　秋—　春—　朝—　流—

嘉
—献[10]　—楽(らく)[11]　—雲　—栄　—蔭　—玉　—慶　—樹　—称　—祥　—靖
—盛　—瑞　—道　—徳　—法　—礼　—雄　欣—　清—　静—　寧—

---

①観132　②大117　③大16和226本296　④大17　⑤大77本318　⑥大47　⑦大21本273
⑧正215　⑨大24　⑩本471　⑪大7

雅

雅(げ)を見よ

快

快(け)を見よ

戒

｜[1]行　｜[2]香　｜[3]忍　｜[4]聞　讃[5]｜　浄[6]｜　｜応　｜厳　｜心　｜慎　｜善

｜道　勧｜　鑑｜　鏡｜　敬｜　宝｜

誠

教[7]｜　勧｜　箴｜　憲｜　立｜

海

｜[8]覚　｜[9]徳　慧[10]｜　願[11]｜　広[12]｜　衆[13]｜　心[14]｜　信[15]｜　大[16]｜　智[17]｜　知[18]｜

徳[19]｜　入[20]｜　宝[21]｜　法[22]｜　｜雲　｜香　｜澄　｜潮　｜福　｜法　｜容

｜量　雲｜　覚｜　学｜　観｜　玉｜　厳｜　秋｜　春｜　乗｜　性｜

聖｜　絶｜　表｜　福｜

界

宝[23]｜　｜真　｜道　｜範　｜雄　厳｜　香｜　浄｜　清｜　蔵｜　蓮｜

皆

｜[24]往　｜[25]応

階

｜[26]道　｜昇　｜天　雲｜　玉｜　香｜　仙｜　天｜　瑶｜

開

｜[27]解　｜[28]化　｜[29]顕　｜[30]悟　｜[31]神　｜[32]闡　｜[33]善　｜[34]想　｜[35]導　｜[36]入　｜[37]法

｜[38]明　｜[39]目　華[40]｜　顕[41]｜　広[42]｜　尋[43]｜　則[44]｜　得[45]｜　方[46]｜　｜廓　｜豁

｜元　｜悟　｜春　｜端　｜緒　｜道　｜聞　｜雄　｜朗　雲｜　花｜

---

①観156　②観162　③大20　④大19　⑤小166　⑥本295　⑦大89　⑧大17　⑨本279　⑩大71　⑪正208本313　⑫和253　⑬本396　⑭和221本338　⑮本385　⑯大48観145和252　⑰正213本313　⑱観143　⑲本265　⑳正208　㉑正211和235本271　㉒大19　㉓観134　㉔大119　㉕観142　㉖小173　㉗大104　㉘大13　㉙本317　㉚本324　㉛大55　㉜大10本442　㉝大13　㉞観153　㉟大12　㊱大89正213　㊲大38　㊳大89観158　㊴観162　㊵観153　㊶本305　㊷正214本267　㊸観161　㊹観158　㊺観143　㊻観168

天ー　洞ー

解　解(げ)を見よ

懐　素[1]ー　ー歓　ー欣　ー玉　ー仁　ー念　雅ー

格　ー訓　ー悟　ー尚　ー正　ー心　ー順　ー知　ー致　ー範　ー法　綱ー

秀ー　正ー　清ー　常ー　調ー　道ー　能ー　妙ー

廓　ー然(ねん)[2]　恢[3]ー　ー澄　開ー　高ー　清ー　大ー　寥ー

確　ー志　ー純　ー節　ー爾　堅ー　詳ー　精ー　貞ー

赫　顕[4]ー　光[5]ー　栄ー　輝ー　薫ー　隆ー

獲　獲(ぎゃく)を見よ

鶴　ー影　ー寿　ー松　ー峰　ー林　ー嶺　琴ー　玄ー　瑞ー　白ー

覚　ー証[6]　ー了[7]　海[8]ー　正[9]ー　等[10]ー　上[11]ー　ー位　ー雲　ー永　ー音　ー海

ー願　ー境　ー源　ー元　ー寿　ー樹　ー勝　ー証　ー性　ー照　ー正

ー淳　ー準　ー心　ー真　ー念　ー文　ー峰　ー芳　ー夢　ー祐　ー要

ー林　ー嶺　ー露　慧ー　円ー　至ー　上ー　浄ー　心ー　真ー　信ー

善ー　大ー　智ー　道ー　本ー　妙ー　祐ー

---

①和246　②観168　③大42　④大112　⑤大43　⑥正207　⑦大69　⑧大17　⑨大19和235　⑩大69正207和220　⑪本321

学―道[1]―修[2]―善[3]―慧―海―貫―古―広―志―渉―昌

―城―成―定―誠―真―善―篤―徳―法―林―礼

義―経―暁―建―三―習―秀―正―精―心―崇―

積―絶―典―

岳（嶽）―山[4]―浩―照―雪―法―蓮信―友―

完―覚―善―補

貫―心[5]―綜[6]―練[7]―珠―誠―利―嶺恵―学―玉―正―

清―通―洞―道―理―

間―雅―曠―寂―洗―達―夢

幹 偉―喬―玉―香―識―俊―正―貞―豊―隆―良―

簡―靖―能―樸高―清―徳―

閑 清[8]―安―寂―習―淑―靖―林―朗―和安―雲―

空―高―心―優―

寛―恵―雅―海―弘―厚―俊―正―仁―良―廉雅―

祐―了―

---

①大9　②大92　③大12　④和249　⑤大89　⑥大11　⑦大8　⑧本364

感

—徴[1]　応—[2]　—空　—見　—語　—宏　—得　—報　孝—　精—　相—

誠—　真—　通—　洞—　夢—

漢

雲—　銀—　江—　星—　湘—　麗—

勧

—帰[3]　—修[4]　—信[5]　—専[6]　—励[7]　証—[8]　—誠　—遣　—善　—導　—柔

悦—　戒—　教—　奨—　整—　徳—

歓

—悦[9]　—喜[10]　証—[11]　心—[12]　大—[13]　—栄　—学　—康　—泰　鏡—　朴—

観

—察[14]　—成[15]　—世[16]　—宝[17]　—法[18]　遠—[19]　可—[20]　遇—[21]　正—[22]　専—[23]　諦—[24]

一—[25]　等—[26]　普—[27]　—栄　—海　—覚　—弘　—興　—照　—心　—善

—想　—智　—潮　—道　—明　—了　—錬　慧—　暁—　高—　慈—

殊—　相—　承—　浄—　静—　誠—　大—　澄—　貞—　入—　龍—

鑑

具—　高—　精—　明—

含

—花[28]　—英　—輝　—潤　—貞　—芳　香—　露—

巌

（岩）　—花　—桂　—松　—泉　雲—　香—　峻—　翠—　崇—

岸

西—[29]　—恵　—慈　—証　—到　偉—　渓—　珠—　清—　登—　柳—

願

—意[30]　—慧[31]　—海[32]　—行[33]　—楽（ぎょう）[34]　—求[35]　—弘[36]　—生[37]　—信[38]　—心[39]　—船[40]

---

①大9　②大39　③和237本470　④本444　⑤本301　⑥正213　⑦本327　⑧本326　⑨本412　⑩大63観156小183正207和223　⑪正210　⑫観132　⑬観170　⑭大76　⑮観153　⑯大68観148　⑰観135　⑱大40　⑲観132　⑳観129　㉑観163　㉒大80観139　㉓本453　㉔観143　㉕観134　㉖大76　㉗観154　㉘和256　㉙本329　㉚大68　㉛大7　㉜正208本313　㉝本287　㉞大16和235本334　㉟観157　㊱正214和221　㊲大64観168小176本282　㊳和248　㊴観155　㊵和260

キ

希

―力[1]　―見[2]　行[3]―　洪[4]―　向[5]―　弘[6]―　作[7]―　至[8]―　志[9]―　重[10]―　正[11]―

勝[12]―　上[13]―　心[14]―　信[15]―　誓[16]―　大[17]―　知[18]―　智[19]―　悲[20]―　発[21]―　満[22]―

名[23]―　妙[24]―　唯[25]―　―成　―深　―了　興―　宿―　浄―　乗―　素―

適―　福―　良―

―有（けう）[26]　―濶（かっ）　―賢　―聖

気

香[27]―　浩―　正―

起

―行[28]　―心[29]　修[30]―　―念[31]　―正　―証　―信　―誓　秀―　隆―　湧―

軌

―英　―量　薫―　恒―　殊―　修―　清―　誠―　宗―　通―　文―

紀

方―　芳―　隆―

綱[32]―　―功　―勲　本―

基

―源　―樹　―緒　元―　弘―　綱―　信―　道―

規

―行　―戒　―誠　―訓　―正　―方　―芳　―益　応―　元―　洪―

喜

清―　道―　明―

―愛[33]　―一[34]　―信[35]　―忍[36]　―法[37]　歓[38]―　慶[39]―　大[40]―　法[41]―　―光[42]　―恵

―雲　―香　―行　―道　―齢　欣―　信―　随―　善―　福―

---

①大79観142正211和222　②大111　③大8　④本350　⑤観157　⑥和227　⑦和253本282　⑧大70　⑨大23和239　⑩本289　⑪大6　⑫正206　⑬本272　⑭大23　⑮本318　⑯正209和258　⑰和254　⑱大69　⑲和251本288　⑳和228　㉑大22観156小182和226　㉒大7　㉓和241　㉔大69　㉕観128　㉖大19小182正206　㉗大54和233　㉘本325　㉙観153和241　㉚本425　㉛観132　㉜大107　㉝正208　㉞正213　㉟大33　㊱本361　㊲大76　㊳大33観156小183正207和223　㊴正209和222　㊵本339　㊶和220　㊷大45

貴

豪[1]｜ ｜玉 ｜勲 ｜珠 ｜寿 ｜宝 ｜要 勝｜ 信｜ 道｜ 隆｜

綺

｜雲 ｜樹 清｜ 錦｜

亀

｜鑑 ｜玉 ｜山 ｜寿 ｜嶺

機

｜彰[2] ｜鋒 ｜要 弘｜ 元｜ 玄｜ 秀｜ 正｜ 浄｜ 心｜

帰

｜敬[3] ｜楽[4] ｜仰[5] ｜入[6] ｜命[7] 勧[8]｜ 正[9]｜ 当[10]｜ ｜一 ｜向 ｜正

｜真 ｜信 ｜念 ｜邦 西｜

暉

重[11]｜ ｜映 ｜学 ｜麗 慶｜ 珠｜ 清｜ 増｜ 徳｜ 法｜ 芳｜

輝

｜雲 ｜映 ｜赫 ｜興 ｜峰 含｜ 玉｜ 洪｜ 珠｜ 清｜ 増｜

澄｜ 徳｜ 烈｜

宜

｜知[12] ｜行 ｜信 信｜

義

｜弘[13] ｜言[14] ｜趣[15] ｜諦[16] 一[17]｜ 慧[18]｜ 実[19]｜ 正[20]｜ 宗[21]｜ 名[22]｜ 了[23]｜

｜慧 ｜栄 ｜淵 ｜堯 ｜恭 ｜奎 ｜渓 ｜見 ｜倹 ｜顕 ｜香

｜晃 ｜孝 ｜寿 ｜秀 ｜俊 ｜順 ｜純 ｜承 ｜照 ｜彰 ｜成

｜城 ｜定 ｜碩 ｜窓 ｜尊 ｜忠 ｜頂 ｜天 ｜道 ｜導 ｜徹

｜徳 ｜博 ｜範 ｜邦 ｜峰 ｜明 ｜文 ｜雄 ｜隆 ｜龍 ｜朗

---

①和247 ②本265 ③和231 ④正212 ⑤大8 ⑥正211和251 ⑦正206和220 ⑧和237本470 ⑨和249 ⑩大95 ⑪大38 ⑫大24 ⑬大23 ⑭本323 ⑮観157 ⑯観159 ⑰観158本379 ⑱大15 ⑲本384 ⑳本326 ㉑本319 ㉒本282 ㉓本301

高—修—精—相—常—深—法—文—養—立—量—

儀　—容[1]　威[2]—　—行　—訓　—光　—幢　—範　—雄　常—　是—　容—

吉　—祥[3]　—慶　—光　—慈　—相　—辰　—瑞　—徴　—峰

獲　—信[4]　—聞[5]　必[6]—　—証　—道　—得　—法　—報

久　（く）を見よ

休　—応　—嘉　—勲　—祥　—徳　—明　—烈　—和　喜—　禎—　祐—

究　（く）を見よ

窮　（ぐう）を見よ

許　昭—　心—　全—　容—

匡　—持　—正　—譲　—真　—益　—翼

亨　—嘉　—中　—礼　孝—　明—

享　—香　—道　—福　—祐　運—　謙—　淳—　道—

恭　（く）を見よ

教　—意[7]　—誠[8]　—証[9]　—法[10]　是[11]—　実[12]—　正[13]—　浄[14]—　真[15]—　心[16]—　道[17]—

頓[18]—　復[19]—　了[20]—　—安　—慧　—栄　—戒　—開　—行　—興　—思

---

①大59　②観162　③大9　④正209　⑤大70　⑥正211　⑦本326　⑧大89本469　⑨正214　⑩大77和255　⑪大122　⑫本265　⑬本326　⑭正212　⑮本265　⑯大104　⑰大15　⑱和250　⑲観164　⑳本315

｜衆 ｜秀 ｜順 ｜正 ｜乗 ｜信 ｜善 ｜度 ｜道 ｜宗 ｜徳

｜中 ｜忠 ｜然 ｜念 ｜範 ｜文 ｜量 円｜ 玄｜ 厳｜ 至｜

慈｜ 実｜ 清｜ 声｜ 善｜ 智｜ 敷｜ 法｜ 明｜ 頼｜

敬

｜愛[1] ｜信[2] ｜善[3] ｜聞[4] 愛[5]｜ 帰[6]｜ 恭[7]｜ 見[8]｜ 謙[9]｜ 慈[10]｜ 信[11]｜

相[12]｜ 尊[13]｜ 致[14]｜ 和[15]｜ ｜雲 ｜教 ｜謹 ｜修 ｜淳 ｜順 ｜準

｜彰 ｜譲 ｜宣 ｜宗 ｜忠 ｜法 ｜宝 ｜雄 ｜勇 ｜龍 恭｜

重｜ 常｜ 慎｜ 崇｜ 致｜ 智｜ 篤｜ 隆｜ 廉｜ 和｜

経

弘[16]｜ ｜界 ｜学 ｜行 ｜訓 ｜啓 ｜国 ｜旨 ｜制 ｜伝 ｜徳

紀｜ 授｜ 寿｜ 通｜ 明｜

慶

｜喜[17] ｜楽[18] 大[19]｜ ｜雲 ｜慧 ｜縁 ｜恩 ｜覚 ｜暉 ｜行 ｜久

｜健 ｜宏 ｜哉 ｜舜 ｜俊 ｜樹 ｜順 ｜淳 ｜純 ｜昌 ｜昭

｜祥 ｜政 ｜乗 ｜成 ｜信 ｜瑞 ｜泉 ｜善 ｜祚 ｜聴 ｜頂

｜徳 ｜道 ｜忍 ｜然 ｜福 ｜法 ｜峰 ｜牧 ｜友 ｜雄 ｜祐

｜亮 ｜賀 吉｜ 光｜ 周｜ 重｜ 真｜ 知｜ 有｜

竟

究[20]｜ 至[21]｜ 必｜ 能｜

---

①大83 ②本266 ③大108 ④大70 ⑤大13 ⑥和231 ⑦大40和223本276 ⑧大71正209 ⑨大70 ⑩大90 ⑪本509 ⑫大83 ⑬大79和231 ⑭大34 ⑮大79 ⑯正215 ⑰正209和222 ⑱本330 ⑲大71正209本321 ⑳大29和224本271 ㉑大97

境　鏡　馨　響　巧　行

佳｜　覚｜　閑｜　空｜　順｜　清｜　勝｜　浄｜　真｜　妙｜　蓮｜

浄[1]｜　明[2]｜　｜影　｜円　｜鑑　｜正　｜乗　｜智　｜中　｜徹　｜朗

照｜　清｜　心｜　真｜　澄｜　法｜　宝｜　妙｜

｜[3]香　｜音　｜俶　｜順　｜徳　桂｜　昭｜　清｜　常｜　寧｜　風｜

芬｜　芳｜　祐｜　蘭｜　流｜

｜[4]忍　｜[5]流　妙[6]｜　幻[7]｜　｜香　｜慈　珂｜　澗｜　渓｜　江｜　松｜

清｜　静｜　泉｜　梵｜　明｜

善[8]｜　｜正　｜導　昇｜　行｜

｜[9]願　｜[10]樹　｜[11]証　｜[12]信　｜[13]善　｜[14]道　易[15]｜　因[16]｜　願[17]｜　起[18]｜　久[19]｜

至[20]｜　四[21]｜　始[22]｜　修[23]｜　衆[24]｜　正[25]｜　照[26]｜　勝[27]｜　常[28]｜　心[29]｜　信[30]｜

大[31]｜　智[32]｜　徳[33]｜　能[34]｜　普[35]｜　本[36]｜　妙[37]｜　明[38]｜　遊[39]｜　要[40]｜　利[41]｜

立[42]｜　｜英　｜永　｜雲　｜温　｜巧　｜健　｜晃　｜香　｜業　｜権

｜住　｜淳　｜正　｜政　｜忍　｜波　｜文　｜要　｜亮　依｜　運｜

現｜　公｜　直｜　秀｜　周｜　上｜　淳｜　遵｜　真｜　是｜　梵｜

有｜　練｜

---

①大14　②大32観131　③大61　④大52　⑤大19　⑥大68　⑦大69　⑧和242本319　⑨大8　⑩観135小172　⑪和249本265　⑫本266　⑬大105　⑭大83　⑮正210和234　⑯本430　⑰本287　⑱本325　⑲本307　⑳観156　㉑本399　㉒本307　㉓和240　㉔大40　㉕大91　㉖観156　㉗本308　㉘大79本272　㉙大22和237本391　㉚和238　㉛本271　㉜和246　㉝大40　㉞大65　㉟大20本317　㊱本293　㊲本301　㊳大18　㊴本285　㊵本328　㊶本408　㊷和241

仰　仰(ごう)を見よ

堯　―雲　―章　―正　―彰　―聡　―風　―文　―由　―友　―亮

暁　―了[1]　光[2]―　諫[3]―　―雲　―観　―賢　―悟　―信　―星　―生　―風
―祐　―露　開―　清―　澄―　洞―

凝　―雲　―薫　―堅　―紫　―浄　―心　―念　―露

玉　―映　―影　―淵　―園　―円　―海　―幹　―鑑　―琴　―顔　―樹
―晶　―青　―成　―津　―瑞　―泉　―窓　―蔵　―池　―鎮　―田
―幢　―宝　―鳳　―房　―理　―林　―容　―瑶　―錬　―朗　珂―
華―　懐―　元―　珠―　琢―　軟―　白―　瑶―

均　―照　成―　清―　調―

金　金(こん)を見よ

近　―悦　―思　清―

欣　欣(ごん)を見よ

欽　―仰[4]　―尚　―崇　―徳　―念

琴　―心　―操　玉―　清―　宝―　瑶―

---

①大12　②和220本428　③大103　④和246

ク

槿 残─ 朝─ 芳─ 露─

謹 ─厚 ─正 恭─ 敬─ 孝─ 周─ 信─ 篤─ 廉─

錦 ─樹 ─城 ─心 ─波 紅─ 紫─ 翠─

吟 ─心 秋─ 松─ 嘯─ 長─ 朗─

銀 ─海 ─池 ─波 ─鈴 ─露

久 ─遠[1] ─行[2] ─長[3] 長[4]─ ─安 ─逸 ─住 ─栄 ─醇 ─泰 ─生

功 ─慧[5] ─徳[6] ─久 ─勲 ─薫 ─顕 ─弘 ─照 ─成 ─深 ─全
─宗 ─崇 ─致 ─力 元─ 康─ 興─ 樹─ 盛─ 聖─ 全─
天─ 表─ 豊─ 有─ 烈─

究 ─竟[7] ─聖[8] ─達[9] ─暢[10] ─了[11] ─吾 ─悟 ─志 ─慈 ─真 ─尋

救 ─世[12] ─療[13] 求[14]─

恭 ─敬[15] ─謹 ─行 ─謙 ─順 ─譲 ─慎 ─敏 ─容

鼓 法[16]─ ─響 鳴─ 聞─

弘 ─願[17] ─経[18] ─深[19] ─誓[20] ─宣[21] 願[22]─ 大[23]─ 値[24]─ ─依 ─海 ─雅
─覚 ─寛 ─教 ─昭 ─昌 ─信 ─道 ─範 ─明 ─文 ─洋

---

①大16和226本296　②本307　③大84　④大46　⑤大39　⑥大38正211和221　⑦大69和224本270　⑧大70　⑨大68　⑩大72　⑪大47　⑫和258　⑬大10　⑭観126　⑮大67観124和223本276　⑯大79　⑰和227本394　⑱正215　⑲大23本394　⑳大29正206和221本265　㉑大8和259　㉒正214　㉓正206　㉔正213

ケ

広—　功—　慈—　心—　深—　宣—　崇—　徳—　道—　本—

求

—願[1]　—厳[2]　—生[3]　—清[4]　—浄[5]　—道[6]　—法[7]　—望[8]　楽[9]—　行[10]—　志[11]—

—心[12]　専[13]—　願—　広—　悟—　欣—　招—　精—　方—

具

—足[14]　—鑑　—心　—全　—道

空

—寂[15]　—無[16]　虚[17]—　住[18]—　性[19]—　達[20]—　得[21]—　不[22]—　—界　—覚　—境

—華　—心　—青　—翠　—雪　—中　—翼　—梁　感—　顕—　現—

寂—　澄—　法—　本—

遇

—善[23]　—観[24]

窮

—尽[25]　—深[26]　—力[27]　無[28]—　—岩　—原　—谷　—妙　—法　—理

訓

—豊　—隆　恩—　王—　高—　厳—　慈—　宣—　善—　妙—　明—

勲

浄[29]—　—栄　—貴　—賢　—徳　紀—　洪—　盛—　策—

薫

—修[30]　普[31]—　—軌　—化　—風　—芳　—林　香—　禅—

化

—縁[32]　—現[33]　—度[34]　応[35]—　開[36]—　正[37]—　摂[38]—　普[39]—　導[40]—　—厚　—広

—沢　—導　—誘　温—　元—　賛—　清—　心—　道—　法—

快

—善[41]　—楽[42]　—順　—祥　—心　慶—　俊—　清—　雄—

---

①大91　②大69　③大106本325　④大40　⑤大69　⑥大21　⑦大79　⑧大94　⑨大79　⑩大81　⑪大76　⑫大92　⑬大69　⑭和223　⑮本496　⑯大12　⑰和220本282　⑱大40　⑲本431　⑳大89　㉑大12　㉒本270　㉓観163　㉔観163　㉕大47本316　㉖大20　㉗大71　㉘和252本413　㉙和224　㉚観162本301　㉛大32　㉜和247　㉝大12　㉞大16和247　㉟正211　㊱大13　㊲大10　㊳和225　㊴正212　㊵大11　㊶大88　㊷大21和224

華

｜雲[1]　｜香[2]　｜光[3]　｜樹[4]　｜台[5]　｜幢[6]　｜徳[7]　｜蔵[8]　上[9]｜　浄[10]｜　瑞[11]｜

天[12]｜　宝[13]｜　妙[14]｜　蓮[15]｜　｜影　｜苑　｜海　｜含　｜顔　｜信　｜晨

｜世　｜盛　｜仙　｜村　｜文　｜満　｜麗　｜露　雨｜　英｜　開｜

眼｜　鏡｜　玉｜　権｜　香｜　散｜　重｜　精｜　心｜　徳｜　白｜

梅｜　芳｜　宝｜　菱｜

解

｜脱[16]　｜得[17]　｜法[18]　開[19]｜　勝[20]｜　浄[21]｜　信[22]｜　心[23]｜　善[24]｜　得[25]｜　｜賢

｜航　｜道　｜了　慧｜　知｜　妙｜

雅

｜音[26]　｜徳[27]　｜亮[28]　哀[29]｜　温[30]｜　和[31]｜　｜秀　｜正　｜浄　｜真　｜節

｜刹　｜聡　｜調　｜道　｜芳　｜宝　｜豊　｜鵬　｜雄　｜隆　｜量

｜麗　婉｜　淵｜　寛｜　弘｜　間｜　俊｜　清｜　韶｜　淡｜　通｜

博｜　文｜　明｜　麗｜

圭

｜英　｜哉　｜璋　｜峰

桂

｜花　｜月　｜林　雲｜　香｜　仙｜　貞｜　文｜　芳｜

契

｜誠　｜信　｜雪　｜則　清｜　芳｜　冥｜　理｜

計

｜恩　｜真　堅｜　忠｜　妙｜　良｜

---

①観141　②大75　③大62　④大32　⑤本294　⑥観134　⑦小181　⑧正211　⑨観119　⑩和235　⑪大15和226　⑫観128　⑬大62観151小181　⑭大39観136　⑮大78正211和253　⑯大89観161和220　⑰大74　⑱大77　⑲大104　⑳正209　㉑大35　㉒観165　㉓大74　㉔観157　㉕大95　㉖大67小174　㉗大61　㉘和224　㉙観138　㉚大61　㉛大67小174

勁　―幹　―健　―秋　―正　―直

啓　光[1]―　―運　―教　―行　―請　―心　―祚　―創　―塔　―道　―祐
静―　洞―

敬　（きよう）を見よ

景　―雲　―仰　―行　―澄　―祚　―明　―福　佳―　勝―　清―　芳―
明―　麗―

渓　―響　―声　―泉　―波　―嵐

軽　―安　―花　―霞　―風　―漣

蕙　―香　樹―　蘇―　芳―　蘭―

継　―軌　―志　―美　喜―　承―　常―　表―

慶　（きよう）を見よ

迎　―引　―接　―陽　雲―

結　―花　―誓　―草

潔　香[2]―　澂[3]―　―誠　―浄　―慎　―朗　好―　修―

月　―[4]愛　―[5]光　―[6]明　明[7]―　―映　―影　―晃　―昌　―昭　―照　―泉

---

①本428　②大41小173　③大55　④本373　⑤大18観126正207　⑥大18　⑦大53

｜船 ｜鮮 ｜窓 ｜潭 ｜峰 ｜輪 円｜ 珂｜ 華｜ 海｜ 漢｜

鏡｜ 暁｜ 桂｜ 間｜ 玩｜ 現｜ 江｜ 浩｜ 篁｜ 斜｜ 残｜

指｜ 初｜ 松｜ 水｜ 素｜ 風｜ 満｜ 涼｜

見

｜[1]敬 ｜[2]性 ｜[3]真 ｜[4]水 ｜[5]聞 慧[6]｜ 照[7]｜ 常[8]｜ 信[9]｜ 善[10]｜ 知[11]｜

覩[12]｜ 得[13]｜ 明[14]｜ 遙[15]｜ 了[16]｜ ｜恵 ｜英 ｜空 ｜業 ｜舟 ｜正

｜照 ｜証 ｜心 ｜崇 ｜徳 ｜道 ｜法 ｜明 ｜龍 ｜嶺 感｜

秀｜ 正｜ 昭｜ 彰｜ 相｜ 智｜ 利｜

研

｜攻 ｜真 ｜精 ｜章 ｜寿 ｜準 ｜智 ｜道

建

｜安 ｜営 ｜円 ｜学 ｜常 ｜徳 ｜明 永｜ 開｜ 樹｜ 崇｜

健

｜道 ｜明 ｜勇 雅｜ 豪｜ 松｜ 精｜ 心｜ 智｜ 勇｜ 容｜

虔

｜格 ｜誠 ｜修

兼

｜[17]利 ｜愛 ｜済 ｜総 ｜利 ｜滋 ｜純 ｜雄 ｜晃 ｜信 ｜利

堅

｜[18]固 ｜[19]正 ｜[20]住 了[21]｜ ｜厚 ｜哉 ｜持 ｜清 ｜勝 ｜城 ｜信

｜節 ｜忍 ｜明 永｜ 玉｜ 好｜ 剛｜ 志｜ 識｜ 昭｜ 清｜

心｜ 信｜ 貞｜

---

①大71正209　②本293　③大76　④観133　⑤和256　⑥大15和226　⑦大31　⑧大36　⑨正209　⑩本316　⑪大31観166和235　⑫正206　⑬観147　⑭大89　⑮観130　⑯観160　⑰本342　⑱和224　⑲大21　⑳観133　㉑和224

献

｜為　｜可　｜功　｜春　｜善

遺

即｜[1]　｜情　勧｜　選｜　善｜　天｜　理｜

賢

｜護[2]　｜善[3]　｜哲[4]　｜明[5]　｜良[6]　仁[7]｜　普[8]｜　｜英　｜栄　｜映　｜海

｜光　｜才　｜済　｜山　｜思　｜首　｜殊　｜珠　｜寿　｜淳　｜純

｜遵　｜修　｜俊　｜秀　｜正　｜清　｜照　｜詔　｜章　｜尚　｜昌

｜成　｜城　｜誠　｜静　｜誓　｜瑞　｜宗　｜達　｜徳　｜道　｜導

｜肇　｜暢　｜能　｜峰　｜勇　｜祐　｜雄　｜誉　｜立　｜龍　｜了

｜亮　｜嶺　｜蓮　英｜　叡｜　勲｜　尚｜　昇｜　真｜　崇｜　忠｜

法｜　唯｜　友｜　雄｜　了｜　亮｜

倹

｜省　｜徳　｜朴　意｜　慈｜　守｜　清｜　素｜　豊｜

剣

智｜　法｜　宝｜　利｜

憲

｜英　｜誠　｜爾　｜樹　｜重　｜俊　｜正　｜尚　｜章　｜昌　｜昭

｜成　｜崇　｜肇　｜道　｜導　｜徳　｜融　｜雄　｜量　｜龍　昭｜

勝｜　乗｜　慎｜　天｜　典｜　法｜　霊｜

謙

｜敬[9]　｜教　｜光　｜山　｜順　｜昌　｜正　｜称　｜承　｜靖　｜冲

---

①観164　②大7　③本276　④和247　⑤大98　⑥本483　⑦大6　⑧和221　⑨大70

顕

｜澄　｜徳　｜峰　｜黙　｜益　｜了　｜和　温｜　恭｜　義｜　守｜

秀｜　宗｜　泰｜　能｜　福｜

｜開[1]　｜赫[2]　｜現[3]　｜示[4]　｜彰[5]　｜真[6]　｜誓[7]　｜達[8]　｜明[9]　｜曜[10]　高[11]｜

厳[12]｜　｜影　｜貴　｜教　｜恭　｜弘　｜広　｜爾　｜照　｜昌　｜正

｜性　｜誠　｜城　｜譲　｜寿　｜瑞　｜善　｜貞　｜徳　｜道　｜名

｜雄　｜揚　｜隆　｜龍　｜了　｜諒　栄｜　赫｜　暁｜　功｜　厳｜

高｜　鋼｜　慈｜　周｜　彰｜　清｜　善｜　尊｜　通｜　天｜　登｜

道｜　表｜　富｜　法｜

元

｜為　｜暎　｜規　｜吉　｜教　｜玉　｜功　｜興　｜寿　｜秀　｜順

｜淳　｜純　｜章　｜昭　｜祥　｜聖　｜成　｜心　｜信　｜瑞　｜湛

｜統　｜道　｜寧　｜甫　｜宝　｜妙　｜雄　｜理　｜良　｜隆　暎｜

開｜　教｜　寛｜　興｜　寿｜　秀｜　純｜　正｜　章｜　宗｜　尊｜

太｜　徳｜　法｜　本｜　隆｜

幻

｜響[13]　夢[14]｜　｜影　｜空　｜道　｜沫　虚｜　如｜　泡｜

玄

｜英　｜映　｜奥　｜鶴　｜行　｜玉　｜訓　｜旨　｜秀　｜寿　｜俊

---

①本305　②大45　③大10和246　④正210本379　⑤本319　⑥正211　⑦正212　⑧大70　⑨大10　⑩大8　⑪観152　⑫観129　⑬大69　⑭大69

―寂　―聖　―照　―真　―諦　―同　―洞　―道　―徳　―妙　―祐

―雄　―理　―立　―隆　―龍　―亮　康―　実―　清―　彰―　浄―

秀―　心―　宗―　探―　澄―　道―　洞―　法―　妙―　幽―　祐―

言　（ごん）を見よ

原　―心　―泉　―道　洪―　大―　智―　芳―

源　―清　―章　―証　―浄　―善　―知　―智　―統　―勇　―融　―葉

―流　雲―　淵―　洪―　香―　心―　真―　禅―　澄―　沖―　道―

彦　―聖　―雄　偉―　英―　才―　俊―　清―　哲―　邦―　雄―

眼　慧[1]―　五[2]―　慈[3]―　心[4]―　智[5]―　天[6]―　仏[7]―　法[8]―　―花　道―　明―

現　―成[9]　―道[10]　映[11]―　顕[12]―　示[13]―　普[14]―　―英　―寿　―芳　勝―　良―

還　―相[15]　―到[16]　―来[17]　往[18]―　―元　―本　珠―　智―　潮―

咸　―然(ねん)[19]　―歓　―讃　―和　雲―　英―　韶―　大―

顔　―容[20]　威[21]―　光[22]―　容[23]―　和[24]―　怡―　艶―　温―　華―　玉―　秀―

清―　盛―　尊―　芳―　豊―　容―　瑶―　麗―

巌　（ごん）を見よ

---

①大38本416　②本324　③本303　④観130　⑤和252　⑥大25観132　⑦大76　⑧大76　⑨大8　⑩大10　⑪観137　⑫大10和246　⑬和246本341　⑭大11観152　⑮和238　⑯大70観157　⑰正215本294　⑱正212　⑲大67　⑳和222　㉑大15　㉒大14和226　㉓大19　㉔大40

コ

古 ―訓 ―心 学― 観― 終― 修― 淳― 尚― 通―

故 喜― 掌― 勝― 浄― 順―

孤 ―松 ―標 ―峰

固 堅[1]― 心― 深― 純― 貞― 雄―

虚 ―[2]空 不[3]― ―応 ―元 ―心 ―冲 深― 晴― 静― 恬―

五 ―[4]眼 ―[5]乗 ―[6]念 ―常 ―明

悟 ―[7]入 開[8]― 証[9]― 即[10]― 大[11]― 了[12]― ―乗 ―心 ―道 ―明 円―
学― 感― 清― 真― 禅― 通― 頓― 法― 明― 良― 朗―

語 愛[13]― 正[14]― 頌― 清― 心― 深― 静― 善―

護 ―[15]持 ―[16]念 ―[17]法 賢[18]― 守[19]― 照[20]― 摂[21]― 証[22]― ―教 ―宗 ―道
―法 ―佑 ―猷 影― 全― 調― 領―

公 ―威 ―運 ―恵 ―英 ―雅 ―厳 ―秀 ―順 ―遵 ―昭 ―浄
―政 ―長 ―道 ―徳 ―忍 ―任 ―範 ―鳳 ―雄 ―良 至―

功 功(く)を見よ

巧 巧(ぎょう)を見よ

---

①和224　②和220本282　③大39　④本324　⑤本432　⑥本282　⑦和246　⑧本324
⑨本328　⑩観157　⑪観168　⑫本301　⑬大40　⑭大6　⑮和259　⑯大11小181和229
⑰大10　⑱大7　⑲和242　⑳正208　㉑和243本320　㉒本456

交

｜枝　｜道　深｜　定｜　法｜

光

｜1雲　｜2炎　｜3燄　｜4英（おう）　｜5遠（おん）　｜6隠（おん）　｜7赫　｜8暁　｜9啓　｜10顔　｜11照

｜12成　｜13瑞　｜14摂　｜15闡　｜16触　｜17台　｜18沢　｜19明　｜20茂　｜21融　｜22曜

｜23耀　｜24力　｜25輪　｜26麗　威27｜　廻28｜　慧29｜　円30｜　月31｜　香32｜　金33｜

慈34｜　珠35｜　従36｜　常37｜　浄38｜　心39｜　神40｜　身41｜　水42｜　大43｜　道44｜

放45｜　日46｜　名47｜　聞48｜　｜恵　｜観　｜慶　｜源　｜順　｜淳　｜船

｜良　｜龍　一｜　晶｜　祐｜

江

｜烟　｜響　｜珠　｜流　空｜　文｜

向

｜49願　一50｜　西51｜　趣52｜　常53｜　｜覚　｜心　｜洋　帰｜　正｜　相｜

孝

｜54養　慈55｜　純56｜　｜雲　｜英　｜廷　｜感　｜喜　｜謹　｜慈　｜俊

｜純　｜尚　｜紹　｜彰　｜誠　｜全　｜詮　｜宗　｜尊　｜道　｜徳

｜曄　重｜　俊｜　順｜　仁｜　篤｜　祐｜

好

恩57｜　殊58｜　相59｜　妙60｜　明61｜　｜樹　｜善　｜法　｜文　華｜　嘉｜

貞｜

宏

｜遠　｜軌　｜器　｜源　｜樹　｜材　｜讃　｜昭　｜仁　｜宣　｜達

---

①和220本428 ②和220 ③大51 ④大7 ⑤大17 ⑥大38 ⑦大43 ⑧和220 ⑨本428 ⑩大19和226 ⑪観130正207和220本412 ⑫和221 ⑬和225 ⑭本360 ⑮大15正211本267 ⑯和220本428 ⑰和228 ⑱和220本319 ⑲観146和220本265 ⑳大54 ㉑大10 ㉒和224 ㉓大51 ㉔和221 ㉕和220 ㉖大30 ㉗和225本503 ㉘大68 ㉙大77正207和221 ㉚観146 ㉛正207 ㉜小181和233 ㉝観144 ㉞和220本428 ㉟大19本323 ㊱観134 ㊲本433 ㊳小179和220 ㊴正208和243本320 ㊵和221 ㊶大72本279 ㊷大17 ㊸大122小179 ㊹和220本428 ㊺本373 ㊻大18正208 ㊼小180 ㊽小178和221 ㊾観159 ㊿大39 (51)本287 (52)大93 (53)正212 (54)観130 (55)大94 (56)大13 (57)大87 (58)本413 (59)和224 (60)本361 (61)本413

幸

｜智 ｜道 ｜徳 ｜博 恢｜ 堅｜

｜栄 ｜慶 ｜順 ｜章 ｜祥 ｜信 ｜西 ｜芳 ｜祐 ｜立 ｜了

｜龍 愛｜ 貴｜ 祐｜ 游｜

香

｜気[1] ｜光[2] ｜潔[3] ｜樹[4] ｜上[5] ｜美[6] 戒[7]｜ 華[8]｜ 馨[9]｜ 染[10]｜ 大[11]｜

徳[12]｜ 宝[13]｜ 妙[14]｜ 聞[15]｜ ｜雲 ｜英 ｜遠 ｜音 ｜華 ｜海 ｜暁

｜顕 ｜岩 ｜含 ｜薫 ｜源 ｜厳 ｜正 ｜昭 ｜静 ｜城 ｜象

｜澄 ｜道 ｜梵 ｜輪 ｜嶺 ｜蓮 ｜和 ｜宝 ｜陽 ｜龍 音｜

洪

佳｜ 心｜ 瑞｜ 徳｜ 芳｜

｜願[16] ｜音 ｜勲 ｜源 ｜然 ｜道 ｜範 ｜宝

紅

｜晶 ｜翠 ｜蓮

恒

｜憶[17] ｜聞[18] ｜遺[19] ｜行 ｜樹 ｜淳 ｜順 ｜準 ｜正 ｜章 ｜道

厚

｜徳 安｜ 和｜

恩[20]｜ 親[21]｜ ｜温 ｜淳 ｜潤 ｜信 ｜貞 ｜博 ｜隆 謙｜ 淳｜

深｜ 忠｜ 通｜ 篤｜ 豊｜

航

｜恵 慈｜ 津｜ 清｜ 風｜ 法｜

---

①大54和233　②小181和233　③大54小173　④本285　⑤小181　⑥本285　⑦観162
⑧大75　⑨大61　⑩和233　⑪大17　⑫大61　⑬大67　⑭本400　⑮大57　⑯本350
⑰小134　⑱観144　⑲観127　⑳本509　㉑本274

玲　—哀[1]　—念[2]　—勉

晃　—燿[3]　—雲　—慧　—英　—栄　—映　—観　—涯　—暁　—慶　—健

—寿　—春　—俊　—順　—淳　—勝　—照　—尊　—暢　—明　—雄

—龍　—良　俊—　晶—　心—

高　—顕[4]　—峰[5]　—妙[6]　—明[7]　—勲　—晶　—照　—勝　—節　—超　—澄

—徳　—朗　貞—　道—　養—　隆—

校　—定　—理　計—　研—

康　—済　—昭　—韶　—寧　—平　—楽　恵—　歓—　寿—　大—　徳—

浩　—紀　—顕　—博　—洋

広　—慧[8]　—海[9]　—開[10]　—業[11]　—済[12]　—施[13]　—説[14]　—宣[15]　—大[16]　—智[17]　—長[18]

—度[19]　—博[20]　—由[21]　深[22]—　—英　—安　—益　—円　—遠　—学　—行

—裁　—彰　—心　—了　—量　弘—　昌—　誠—　智—　邦—

曠　—懐　—達　—典　間—　空—　玄—　弘—　昭—　心—　悠—

興　—世[23]　—仁[24]　—隆[25]　願[26]—　証[27]—　—学　—願　—昌　—章　—全　—道

—徳　—明　—良　教—　賢—　順—　智—　文—　隆—　流—

---

①大15　②本367　③大61　④観152　⑤和249　⑥本432　⑦大23　⑧本321　⑨和253　⑩正214本267　⑪和240　⑫大38　⑬大38　⑭観163　⑮大22　⑯大20正209和221本296　⑰大113　⑱観151　⑲大71　⑳本379　㉑正211　㉒大71本288　㉓大121正209　㉔大110　㉕本507　㉖観124　㉗正214

講　｜貫　｜真　｜明　勧｜　研｜

鴻　｜恩　｜博　｜宝　高｜　秋｜

仰　帰[1]｜　欽[2]｜　讃[3]｜　瞻[4]｜　｜観　｜信　渇｜　欣｜　景｜　載｜　鑚｜

剛　｜心[5]　金[6]｜　｜節　｜宝　至｜　貞｜

褰　｜貴[7]　｜俊　｜爽　勲｜　賢｜

業　｜正[8]　｜成[9]　行[10]｜　広[11]｜　正[12]｜　浄[13]｜　善[14]｜　｜就　｜精　｜遷　洪｜

大｜　白｜

克　｜寛　｜念　温｜　謙｜　剛｜

国　浄[15]｜　宝[16]｜　安｜　教｜　｜香　｜泰

極　｜唱[17]　｜成[18]　｜善[19]　｜速[20]　｜尊[21]　｜明[22]　無[23]｜

金　｜光[24]　｜剛[25]　｜色[26]　｜樹[27]　｜流[28]　｜蓮[29]　紫[30]｜　｜屋　｜海　｜渓　｜江

｜谷　｜台　｜池　｜典　｜蘭　｜輪

根　善[31]｜　｜源　修｜　道｜　芳｜

言　義[32]｜　実[33]｜　｜教　｜空　｜行　｜志　｜説　｜泉　｜宣　｜詮　｜芳

｜融　永｜　興｜　讃｜　実｜　正｜　善｜　知｜　法｜　隆｜　令｜

---

①大8　②和246　③和223本286　④和225本483　⑤正213　⑥大43正213本315　⑦和247　⑧観131　⑨観130　⑩大43　⑪和240　⑫本275　⑬観131本265　⑭観130　⑮大69観135　⑯本330　⑰本300　⑱本334　⑲本413　⑳本320　㉑和224　㉒本413　㉓大10和222本394　㉔観144　㉕大43観156正213和243本315　㉖和246　㉗大48　㉘大9　㉙観159　㉚大50　㉛観161　㉜本323　㉝正208

サ

欣　|[1]悦　|栄　|嘉　|喜　|求　|仰　|讃　|賞　|愉

勤　|[2]行　|[3]修　|[4]精　|[5]進　|志　|慈　|昌　|性　格|　心|　勇|

厳　|[6]顕　|[7]護　|[8]飾　|[9]浄　|[10]麗　荘[11]|　|海　|教　|訓　|照　|城
|心　|相　|苔　|理　|路　威|　戒|　寛|　香|　慈|　峻|
清|　深|　端|　貞|　雄|　麗|

権　|貴　|正　|智　|右　|要

作　|[12]願　|[13]善　常[14]|　|宝　|明

西　|[15]岸　|[16]向　|[17]天　|[18]路　|清　幸|

細　|観　|雪　厳|

最　|[19]勝　|[20]明　|英　|賢　|照　|真　|尊　清|　善|　文|

才　|慧　|華　|悟　|秀　|俊　|哲　|徳　|望　高|　洪|　雄|

載　|[21]養　運[22]|　|仰　松|　長|

斉　|[23]証　広|　|安　|敬　整|　慎|

斎　閑|　清|　法|　宝|

済　|[24]衆　広[25]|　拯[26]|　普[27]|

---

①大74　②大81　③大85正213　④大88　⑤大88　⑥観129　⑦大10　⑧小173　⑨大68　⑩大61　⑪小173和222　⑫和253本282　⑬大85　⑭小173　⑮本329　⑯本287　⑰正209　⑱和244　⑲大14小179和243本266　⑳本413　㉑本328　㉒大78　㉓本287　㉔本300　㉕大38　㉖大10正215　㉗大37

在　自｜[1]　雲｜　常｜　長｜

策　｜[2]進　｜勲　玉｜　建｜　高｜　定｜

察　｜遠　｜来　照｜　神｜　澄｜

三　｜[3]心　｜[4]信　｜[5]蔵　｜[6]忍　｜[7]宝　｜[8]昧　｜学　｜養

山　岳[9]｜　雪[10]｜　｜柴　雲｜　関｜　香｜　慈｜　青｜　泰｜

算　英｜　弘｜　智｜　妙｜

賛　｜称　｜襄　弘｜　宣｜

讃　｜[11]戒　｜[12]仰　指[13]｜　証[14]｜　称[15]｜　常[16]｜　｜善　｜道　｜法　宏｜　欣｜　頌｜　盛｜

シ

残　｜英　｜照　｜芳　｜夢　｜露

史　｜帛　｜考　｜生　｜芳

至　｜[17]安　｜[18]願　｜[19]行　｜[20]成　｜[21]誠　｜[22]心　｜[23]徳　即[24]｜　得[25]｜　必[26]｜　偏[27]｜　｜教　｜暁　｜孝　｜剛　｜常　｜静　｜誓　｜善　｜道　｜念　｜宝

旨　玄｜　高｜　清｜　深｜

糸　｜弦　｜調　｜桐

---

①正206和222　②本336　③本321　④正213　⑤正212　⑥正213　⑦大40和255本380　⑧大12　⑨和249　⑩本303　⑪小166　⑫和223本286　⑬本327　⑭本326　⑮小178本270　⑯観138　⑰正213　⑱大70　⑲観156　⑳大52　㉑大66観155　㉒大28正207和226本289　㉓大92和222本265　㉔大60　㉕大37　㉖正212　㉗観159

志 —願[1] —求[2] —崇[3] —勇[4] 浄[5]— 専[6]— —学 —堅 —昂 —正 —尚

—成 —静 —善 —操 道— 確— 鴻— 清— 善— 貞— 明—

芝 —蘭 祥— 瑞—

始 —行[7] 無[8]— —元 —原 —真 太— 本—

指 —讃[9] —授[10] —月 —方 玉— 明—

思 —惟[11] —量[12] 善[13]— 禅[14]— 難[15]— —念 静— 諦— 妙—

師 —苑 —徳 —法

紫 —雲[16] 映— 純— 翠—

資 —功 —望 英— 清—

示 —応[17] —現[18] 顕[19]— —教 —真 —灯

自 —在[20] —得[21] —然[22] —暁 —玉 —周 —照 —省 —新

治 —定 —心 —善 —徳 —要 善—

持 —慧[23] —法[24] —名[25] 憶[26]— 執[27]— 総[28]— —説 —等 操— 総— 宝—

時 良[29]— 清— 盛— 芳— 明—

滋 —栄 —秀 —潤 —彰 —明 —雄

---

①大23和239　②大38　③大77　④大79　⑤大7　⑥大39　⑦本307　⑧和254　⑨本327　⑩和244　⑪正207和250　⑫本291　⑬大7観131　⑭大46　⑮大45　⑯和247　⑰正211　⑱和246本341　⑲正210本379　⑳正206和222　㉑和256　㉒大39正210和224　㉓大17　㉔小180　㉕本302　㉖観144　㉗小177和234　㉘本357　㉙和260

慈 ｜雲[1] ｜恵[2] ｜恩[3] ｜敬[4] ｜眼[5] ｜光[6] ｜孝[7] ｜心[8] ｜忍[9] ｜念[10] ｜悲[11]

｜愍[12] 演[13]｜ 縁[14]｜ 大[15]｜ 仁[16]｜ ｜愛 ｜栄 ｜円 ｜音 ｜海 ｜覚

｜寛 ｜観 ｜教 ｜弘 ｜訓 ｜秀 ｜照 ｜信 ｜仁 ｜船 ｜道

｜徳 ｜法 ｜明 ｜聞 恵｜ 円｜ 縁｜ 孝｜ 等｜

識 ｜円 ｜悟 ｜照 ｜心 ｜蔵 ｜量 玄｜ 達｜ 明｜ 黙｜

直 ｜心[17] ｜道[18] ｜行 ｜準 ｜節 ｜入 勁｜ 堅｜ 精｜ 誠｜ 整｜

悉 ｜照 ｜心 ｜達 精｜ 明｜

質 ｜直 ｜正 玉｜ 聖｜ 心｜ 瑞｜ 文｜

実 ｜義[19] ｜教[20] ｜語[21] ｜言[22] ｜成[23] ｜相[24] ｜諦[25] ｜明[26] 一[27]｜ 有[28]｜ 誠[29]｜

真[30]｜ 善[31]｜ 如[32]｜ ｜雲 ｜応 ｜行 ｜正 ｜潤 ｜道 華｜ 秀｜

清｜ 貞｜ 篤｜

積 ｜善[33] ｜徳[34] ｜恩 ｜勲 ｜水 ｜翠 ｜稔 ｜年 ｜福 興｜ 秀｜

寂 ｜照[35] ｜定[36] ｜静[37] 空[38]｜ 常[39]｜ 心[40]｜ 大[41]｜ 普[42]｜ ｜円 ｜玄 ｜静

｜善 閑｜ 清｜ 禅｜ 湛｜ 妙｜

守 ｜護[43] 端[44]｜ ｜境 ｜倹 ｜謙 ｜常 ｜静 ｜節 ｜貞 ｜典 ｜道

---

①本300 ②大59 ③大89和244 ④大90 ⑤本303 ⑥和220本300 ⑦大94 ⑧大104観156本272 ⑨本336 ⑩本373 ⑪大121 ⑫本342 ⑬大13 ⑭観147 ⑮大79観166和254 ⑯大108観163 ⑰本320 ⑱本266 ⑲本384 ⑳本265 ㉑本326 ㉒正208 ㉓和230 ㉔本284 ㉕本311 ㉖和220 ㉗和240本271 ㉘小175 ㉙小178 ㉚正208和222 ㉛大6 ㉜正208和239本282 ㉝大59 ㉞大59 ㉟本502 ㊱大12 ㊲大24正215本409 ㊳本496 ㊴大40 ㊵大24 ㊶本417 ㊷大12 ㊸和242 ㊹大108

｜堅　操｜　法｜

取
摂[1]｜　｜称　｜証　簡｜

珠
｜[2]光　一[3]｜　宝[4]｜　｜影　｜円　｜岸　｜玉　｜賢　｜宝　貫｜　玄｜

青｜　常｜　信｜　明｜

殊
｜[5]好　｜[6]光　｜[7]勝　｜[8]妙　｜覚　｜観　｜功　｜操　｜諦　｜等　｜能

趣
｜[9]向　善[10]｜　嘉｜　高｜　勝｜　清｜　真｜　深｜　妙｜　理｜

受
｜[11]持　楽[12]｜　正[13]｜　摂[14]｜　信[15]｜　聴[16]｜　必[17]｜　｜園　｜行　｜華　｜章

｜法　｜命　｜用　心｜　超｜　頂｜

授
｜[18]浄　指[19]｜　｜教　｜法　訓｜　神｜　宣｜

寿
｜[20]命　｜[21]楽　長[22]｜　尽[23]｜　｜安　｜英　｜栄　｜経　｜考　｜浩　｜康

｜証　｜泉　｜尊　｜徳　｜峰　｜宝　｜林　延｜　覚｜　鶴｜　慶｜

玄｜　孝｜　高｜　松｜　真｜　泰｜　得｜　仁｜　宝｜

樹
｜[24]心　行[25]｜　華[26]｜　香[27]｜　金[28]｜　尋[29]｜　宝[30]｜　｜建　｜功　｜聖　｜善

｜徳　雲｜　佳｜　嘉｜　綺｜　玉｜　興｜　心｜　道｜　芳｜　麗｜

澍
｜[31]法　甘｜　宝｜　霖｜

---

①正208　②観136本323　③観142　④観133和239本332　⑤本413　⑥大19　⑦大19正206　⑧大14　⑨大93　⑩大38　⑪正209　⑫大69　⑬観129正213　⑭和223本288　⑮大121小183本278　⑯大67　⑰本278　⑱正212　⑲和244　⑳和250　㉑大81　㉒大93　㉓大71　㉔本509　㉕観135小172　㉖大32　㉗本285　㉘大48　㉙観138　㉚大35観135和224　㉛大10

舟

｜泰　操｜　般｜　法｜　宝｜　龍｜　蓮｜

収

｜養　厚｜　善｜

秀

｜慧　｜映　｜栄　｜瑩　｜淵　｜恩　｜央　｜界　｜華　｜啓　｜憲

｜賢　｜向　｜孝　｜晃　｜綱　｜教　｜鏡　｜行　｜月　｜悟　｜言

｜厳　｜爾　｜実　｜俊　｜淳　｜潤　｜精　｜上　｜乗　｜誠　｜信

｜禅　｜善　｜粋　｜諦　｜貞　｜典　｜洞　｜徳　｜忍　｜峰　｜豊

｜芳　｜悠　｜蘭　｜亮　｜量　｜路　｜朗　｜和　有｜　英｜　高｜

才｜　松｜　貞｜　芳｜　明｜

宗

｜[1]義　｜恵　｜賢　｜要

周

｜[2]偏　｜[3]満　｜旺　｜海　｜覚　｜学　｜規　｜行　｜暁　｜孝　｜清

｜済　｜禎　｜道　｜導　成｜　沢｜　道｜　理｜

秋

｜雲　｜英　｜玉　｜水　｜成　｜晴　｜芳　｜蘭　｜露　勁｜　高｜

清｜　涼｜

修

｜[4]学　｜[5]起　｜[6]行　｜[7]習　｜[8]集　｜[9]心　｜[10]真　｜[11]善　｜[12]満　円[13]｜　勧[14]｜

薫[15]｜　勤[16]｜　正[17]｜　専[18]｜　本[19]｜　｜軌　｜義　｜古　｜証　｜静　｜善

---

①本319　②大75本359　③大48　④大92　⑤本425　⑥和240　⑦本310　⑧本341　⑨大76　⑩本265　⑪大58和259本443　⑫大39　⑬本300　⑭本444　⑮観162本301　⑯正213　⑰本399　⑱和241本453　⑲和256

—禅—道—敬—虔—清—精—進—貞—徳—

習　—学—禅—礼—教—熏—積—篤—明—

州　—暎—仙—芳—宝—蓮—

集　大[1]—雲[2]—蘊—古—安—懐—和—

終　—古—身—有—慎—善—要—

就　成[3]—将—真—道

酬　—[4]報—円—和—厚—重—

衆　—[5]海—[6]行—[7]水—会[8]—済[9]—

十　—[10]方—成—全—念

充　—賢—潤—徳—道—満—道—法—

住　—[11]空—安[12]—堅[13]—諦[14]—大[15]—得[16]—能[17]——戒—観—行—心

常—諦—徳—

柔　柔（にゅう）を見よ

重　—[18]雲—[19]願—[20]誓—威[21]—深[22]—尊[23]—偏[24]——義—教—厚—徳

—宝—望—明—寛—誓—

---

①和249　②観152　③正207和235　④本410　⑤本396　⑥大40　⑦正208　⑧正211本408　⑨本300　⑩正207和221　⑪大40　⑫大8　⑬観133　⑭大13　⑮大7　⑯大11　⑰大16　⑱大78　⑲本289　⑳正207　㉑観127　㉒本287　㉓和235　㉔本373

従　｜光[1]　敬｜　正｜　聴｜　道｜　法｜

宿　善[2]｜　｜願　｜善　｜徳　信｜　道｜

粛　｜静　｜慎　｜澄　敬｜　清｜

出　｜到[3]　勝[4]｜　超[5]｜　｜離　｜倫　秀｜

春　｜英　｜映　｜暎　｜栄　｜応　｜海　｜喜　｜光　｜水　｜雪　｜泉
｜窓　｜池　｜洞　｜風　｜芳　｜夢　｜鳴　｜隆　｜嶺　晴｜　富｜
麗｜

俊　｜慧　｜英　｜頴　｜雅　｜海　｜孝　｜宏　｜秀　｜順　｜彰　｜乗
｜道　｜徳　｜兆　｜博　｜猛　｜洋　｜良　｜稜　英｜　慶｜　豪｜
才｜　爽｜　明｜　雄｜　理｜

峻　｜厳　｜秀　｜節　高｜　清｜

舜　｜慧　｜契　｜悟　｜昭　｜量　恵｜　契｜　法｜

純　｜孝[6]　｜浄[7]　｜説[8]　｜一　｜栄　｜教　｜固　｜悟　｜爾　｜正　｜真
｜全　｜善　｜忠　｜哲　｜篤　｜能　｜美　温｜　清｜　貞｜

淳　心[9]｜　｜化　｜古　｜厚　｜昭　｜照　｜正　｜善　｜龍　｜了　｜良

---

①観134　②大18　③和250　④本317　⑤本293　⑥大13　⑦本417　⑧観158　⑨本324

恵―覚―敬―行―賢―好―清―証―真―知―忠―

徳―妙―法―良―亮―

順

―忍[1]信[2]―随[3]―調[4]―和[5]――因―恵―英―応―海―義

―誼―行―芸―悟―護―孝―修―正―証―精―成

―水―章―誓―節―操―諦―道―導―徳―明―裕

―理―龍―了―良―諒―和印―英―応―教―恭―

義―謙―晃―恒―俊―照―常―忠―

循

―軌―謹―理縁―持―

準

―応―則―由恵―恒―正―常―定―平―法―理―

龍―隆―

潤

生[6]―法[7]――徳―軟―豊恵―恩―玉―好―滋―秀―

深―徳―芳―

醇

―謹―化―厚―篤清―貞―芳―

邊

―恵―界―行―道公―徳―明―

初

―学―陽

①大52 ②大122本311 ③大9観124 ④本336 ⑤大109 ⑥本328 ⑦本432

助

|縁　神|　道|　福|　冥|　祐|

恕

|郷　|純　寛|　忠|　仁|　平|

舒

|翠　安|　閑|　清|

正

|意[1]　|因[2]　|覚[3]　|観[4]　|願[5]　|帰[6]　|義[7]　|教[8]　|行[9]　|化[10]　|解[11]

|語[12]　|業[13]　|修[14]　|受[15]　|定[16]　|心[17]　|真[18]　|説[19]　|智[20]　|等[21]　|道[22]

|念[23]　|偏[24]　|弁[25]　|法[26]　堅|[27]　深|[28]　宣|[29]　端|[30]　等|[31]　|雲　|慧

|円　|果　|歓　|軌　|宜　|暁　|見　|憲　|康　|策　|志

|辞　|寿　|秀　|順　|準　|純　|淳　|遵　|潤　|生　|性

|章　|韶　|乗　|誓　|仙　|詮　|尊　|存　|中　|暢　|貞

|的　|哲　|徹　|典　|導　|徳　|隆　|亮　顕|　寿|　純|

生

祥|　清|　真|　中|　忠|　澄|　貞|　平|　良|　廉|

|潤[32]　応|[33]　願|[34]　求|[35]　摂|[36]　即|[37]　長|[38]　導|[39]　得|[40]　報|[41]　欲|[42]

来|[43]　湧|[44]　|心　|信　|得　現|　幸|　住|　真|　全|　忍|

法|　利|　蓮|

尚

|賢　|志　|道　|徳　|齢　格|　欽|　夙|　清|　節|　風|

---

①大92正209本318　②観131本324　③大19和235　④大80観139　⑤大6　⑥和249　⑦本326　⑧本326　⑨大91　⑩大10　⑪本326　⑫大6　⑬本275　⑭本399　⑮観129正213　⑯大63正207和254　⑰大108　⑱大29本310　⑲本270　⑳本265　㉑本322　㉒大63本316　㉓大38和243本275　㉔本309　㉕正214　㉖大8和250本266　㉗大21　㉘大38　㉙大75　㉚大41　㉛大10和251　㉜本328　㉝本292　㉞大64観168小176本282　㉟本325　㊱本389　㊲観158本287　㊳大81本317　㊴本437　㊵小177　㊶本396　㊷大28和226　㊸本272　㊹観137

昌
｜盛[1] ｜雲 ｜栄 ｜英 ｜紀 ｜弘 ｜興 ｜国 ｜俊 ｜心 ｜信
｜純 ｜征 ｜道 ｜法 ｜明 ｜龍 ｜隆 ｜文 寿｜ 徳｜ 豊｜

招
｜引[2] ｜喚[3] ｜岸 ｜揺 嘉｜

昇
｜道[4] 超[5]｜ ｜文 雲｜ 昭｜ 清｜ 徳｜

性
｜空[6] 見[7]｜ 心[8]｜ 仁[9]｜ 法[10]｜ ｜海 ｜覚 ｜源 ｜純 ｜全 ｜心
｜直 ｜善 ｜信 ｜本 自｜ 実｜ 徳｜ 宝｜ 妙｜ 明｜

松
｜栄 ｜響 ｜渓 ｜秀 ｜翠 ｜寿 ｜操 ｜濤 ｜風 ｜露 喬｜
勁｜ 青｜ 貞｜

荘
｜厳[11] ｜苑 康｜ 粛｜ 心｜ 端｜

承
｜順 ｜上 ｜禅 ｜統 敬｜ 尊｜

昭
｜然[12] ｜雲 ｜栄 ｜縁 ｜応 ｜遠 ｜寛 ｜見 ｜堅 ｜顕 ｜兼
｜現 ｜護 ｜曠 ｜正 ｜昇 ｜彰 ｜城 ｜刹 ｜宣 ｜泉 ｜相
｜諦 ｜典 ｜道 ｜明 ｜文 ｜容 ｜陽 ｜耀 ｜龍 ｜朗

渉
学｜ 精｜ 深｜ 博｜ 游｜ 歴｜

唱
極[13]｜ ｜善 ｜導 清｜ 専｜ 道｜ 唯｜

---

①本284　②本291　③本291　④大81　⑤本298　⑥本431　⑦本293　⑧和260　⑨大7
⑩大69正211和242　⑪小173和222本381　⑫大90　⑬本300

将

｜慶 ｜護 ｜順 迎｜ 就｜ 徳｜ 法｜

祥

吉[1]｜ ｜雲 ｜栄 ｜応 ｜至 ｜実 ｜風 ｜福 ｜隆 ｜露 嘉｜

慈｜ 善｜ 禎｜

章

｜円 ｜悟 ｜随 ｜善 ｜道 雲｜ 顕｜ 賢｜ 清｜ 瑞｜ 龍｜

紹

｜隆[2] ｜道 ｜明

清

｜閑[3] ｜浄[4] ｜信[5] ｜晨[6] ｜徹[7] ｜白[8] ｜風[9] ｜明[10] ｜揚[11] ｜涼[12] ｜和[13]

澂[14]｜ ｜安 ｜栄 ｜影 ｜円 ｜淵 ｜音 ｜佳 ｜華 ｜雅 ｜快

｜戒 ｜界 ｜輝 ｜軌 ｜境 ｜鏡 ｜饗 ｜玉 ｜景 ｜馨 ｜賢

｜倹 ｜顕 ｜玄 ｜厳 ｜悟 ｜香 ｜志 ｜寂 ｜寿 ｜秋 ｜秀

｜修 ｜淑 ｜順 ｜純 ｜曙 ｜晶 ｜昌 ｜祥 ｜照 ｜心 ｜真

｜雪 ｜泉 ｜操 ｜泰 ｜潭 ｜湛 ｜澄 ｜調 ｜貞 ｜適 ｜道

｜徳 ｜微 ｜福 ｜平 ｜法 ｜芳 ｜妙 ｜夢 ｜流 ｜龍 ｜亮

｜寥 ｜麗 ｜蓮 ｜露 ｜朗 一｜ 昭｜ 太｜ 忠｜ 廉｜

晶

｜英 ｜晃 翠｜ 鮮｜

勝

｜因[15] ｜慧[16] ｜音[17] ｜過[18] ｜願[19] ｜行[20] ｜解[21] ｜出[22] ｜心[23] ｜真[24] ｜相[25]

---

①大9　②本358　③本364　④大57正207和220　⑤本504　⑥本297　⑦大52　⑧大10　⑨大51観134和224　⑩大55　⑪大53　⑫観166本373　⑬和224　⑭観133　⑮本432　⑯本322　⑰小179　⑱和221本394　⑲正206　⑳本308　㉑正209　㉒本317　㉓大76　㉔本407　㉕本363

照　詳　頌　聖　奨　彰

―智[1]　―道[2]　―徳[3]　―福[4]　―法[5]　―報[6]　―人[7]　―友[8]　―力[9]　―慧[10]　最[11]―

殊[12]―　相[13]―　大[14]―　超[15]―　龍[16]―　―運　―円　―故　―秀　―導　―若

―文　―隆　長―

―見[17]　―護[18]　―行[19]　―身[20]　―触[21]　―徳[22]　―益[23]　―曜[24]　―耀[25]　遠[26]―　光[27]―

寂[28]―　常[29]―　徹[30]―　普[31]―　偏[32]―　法[33]―　―英　―映　―園　―応　―温

―海　―歓　―観　―鏡　―馨　―空　―寿　―順　―昇　―心　―信

―尊　―徹　―道　―念　―波　―臨　淵―　顕―　清―　等―

安[34]―　―確　―敏　―明　寛―　精―　審―　端―

―語　―讃　―徳　雅―　善―

―心[35]　―智[36]　―道[37]　―徳[38]　―明[39]　大[40]―　―雲　―音　―海　―功　―章

―瑞　―尊　―諦　―表　―法　―祐　玄―　彦―　寿―　成―　真―

―勧　―訓　―順　嘉―　慈―　尊―　提―

―一[41]　機[42]―　顕[43]―　―慰　―因　―恵　―英　―恩　―含　―賢　―言

―俊　―準　―真　―尊　―裕　―雄　―洋　―陽　―亮　―量　英―

慈―　寿―　俊―　了―

---

①大114　②大14　③本281　④大79　⑤大121和227本304　⑥本432　⑦和243　⑧観170　⑨大118　⑩本322　⑪大14小179和243本266　⑫大19正206　⑬大53　⑭正209　⑮大39　⑯大118　⑰大31　⑱正208　⑲観156　⑳観153　㉑本358　㉒大77　㉓本433　㉔和220　㉕大45　㉖大117　㉗観130正207和220本412　㉘本502　㉙正208　㉚大89　㉛大8観151　㉜大68観146本299　㉝和241　㉞大55　㉟大70本309　㊱本309　㊲正212　㊳和258　㊴大13　㊵正209　㊶正211　㊷本265　㊸本319

称
―讃 1　―説 2　―智 3　―得 4　―念 5　―誉 6　―揚 7　―量 8　応― 9　常― 10　専― 11
―信　―真　―道　嘉―　孝―　徳―　良―

賞
―慶　―善　厚―　重―

証
―勧 12　―歓 13　―悟 14　―護 15　―興 16　―讃 17　―成 18　―誠 19　―大 20　―知 21　―道 22
―得 23　覚― 24　教― 25　行― 26　斉― 27　真― 28　即― 29　伝― 30　同― 31　得― 32　明― 33

精
―雲　―順　永―　顕―　修―　浄―
―進 34　―微 35　―明 36　常― 37　水― 38　専― 39　力― 40　―戒　―華　―護　―孝
―厳　―彩　―思　―修　―純　―粋　―禅　―爽　―智　―徴　―忠

声
―妙　―励　―練　研―　心―　真―
慧― 41　忍― 42　法― 43　名― 44　妙― 45　―教　―華　―積　―誉　心―　善―
俊―　梵―

鐘
―韻　―声　―導　―鳴　鼎―

上
―願 46　―華 47　―心 48　―道 49　会― 50　慧― 51　香― 52　増― 53　無― 54　―慧　―縁

成
―覚　―善　承―
―就 55　―善 56　―等 57　―徳 58　―弁 59　―満 60　観― 61　現― 62　光― 63　極― 64　至― 65

---

①小178本270　②小182　③大113　④本296　⑤和253本288　⑥本413　⑦本271　⑧大31　⑨観167　⑩正210　⑪正213　⑫本326　⑬正210　⑭本328　⑮本456　⑯正214　⑰本326　⑱本290　⑲和229本327　⑳和243　㉑正212　㉒本506　㉓本321　㉔正207　㉕正214　㉖和249本506　㉗本287　㉘大21本319　㉙正211　㉚本294　㉛本327　㉜本305　㉝本270　㉞大22　㉟和222　㊱大91　㊲小172　㊳大54　㊴大87本361　㊵大22　㊶大56　㊷大56　㊸大56　㊹正207　㊺大55本393　㊻本272　㊼大119　㊽本353　㊾本276　㊿和247　(51)大7　(52)小181　(53)和242　(54)和222本309　(55)正207和235　(56)本352　(57)大10正207　(58)本265　(59)本285　(60)大23　(61)観153　(62)大8　(63)和221　(64)本334　(65)大52

定

証[1]｜ 相[2]｜ 想[3]｜ 道[4]｜ ｜規 ｜身 ｜道 玉｜ 寿｜ 真｜ 徳｜
｜[5]慧 ｜[6]聚 ｜[7]心 ｜[8]力 決[9]｜ 寂[10]｜ 正[11]｜ 審[12]｜ 深[13]｜ 禅[14]｜ 得[15]｜
必[16]｜ ｜意 ｜印 ｜格 ｜見 ｜香 ｜準 安｜ 潭｜ 入｜

乗

｜[17]宝 一[18]｜ 五[19]｜ 大[20]｜ ｜恵 ｜縁 ｜海 ｜願 ｜義 ｜道 ｜念
｜白 ｜法 円｜ 上｜ 法｜

政

端[21]｜ ｜海 ｜学 ｜寛 ｜教 ｜俊 ｜道 ｜達 ｜仁 明｜ 良｜

城

智[22]｜ 法[23]｜ ｜雄 学｜ 香｜ 法｜ 宝｜ 龍｜

条

｜貫 ｜達 ｜風 ｜綱 章｜

浄

｜[24]慧 ｜[25]戒 ｜[26]観 ｜[27]教 ｜[28]鏡 ｜[29]勲 ｜[30]華 ｜[31]光 ｜[32]業 ｜[33]国 ｜[34]志
｜[35]信 ｜[36]水 ｜[37]利 ｜[38]入 ｜[39]邦 ｜[40]妙 ｜[41]明 ｜[42]楽 ｜[43]輪 一[44]｜ 忻[45]｜
厳[46]｜ 純[47]｜ 清[48]｜ 善[49]｜ 大[50]｜ 明[51]｜ 求[52]｜ 得[53]｜ ｜安 ｜因 ｜雲
｜縁 ｜恩 ｜界 ｜覚 ｜願 ｜見 ｜香 ｜俊 ｜照 ｜証 ｜心
｜智 ｜道 ｜忍 ｜福 ｜法 ｜宝 ｜蓮 慧｜ 英｜ 円｜ 海｜
真｜ 澄｜

常

｜[54]有 ｜[55]行 ｜[56]見 ｜[57]光 ｜[58]向 ｜[59]作 ｜[60]讃 ｜[61]寂 ｜[62]住 ｜[63]称 ｜[64]照

---

①本290 ②和240 ③観144 ④本430 ⑤大16観166 ⑥大63和226 ⑦大76本278 ⑧大79 ⑨和239本326 ⑩大12和226 ⑪大63正207和254 ⑫本374 ⑬大12 ⑭大79 ⑮大76 ⑯正210本275 ⑰観164 ⑱和227本270 ⑲本432 ⑳大7正210 ㉑大57和222 ㉒本316 ㉓大10 ㉔大38 ㉕本295 ㉖和226 ㉗正212 ㉘大14 ㉙和224 ㉚和235本393 ㉛小179和220 ㉜観130本265 ㉝大69観135 ㉞大7 ㉟大18本266 ㊱大77 ㊲本312 ㊳本401 ㊴本265 ㊵観151 ㊶本341 ㊷和224 ㊸本465 ㊹大77 ㊺本265 ㊻大68 ㊼本417 ㊽大57正207和220 ㊾本483 ㊿大7本418 (51)大14正212 (52)大69 (53)大69 (54)小174 (55)大79本272 (56)大36 (57)本433 (58)正212 (59)小173 (60)観138 (61)大40 (62)本342 (63)正210 (64)正208

情　盛　譲　誠　静　心

1 ｜精　2 ｜宣　3 ｜諦　4 ｜道　5 ｜然　6 ｜保　7 ｜楽　8 ｜力　9 ｜倫　10 ｜和　11 光｜

12 心｜　｜瑩　｜円　｜観　｜岸　｜儀　｜紹　｜晋　｜宣　｜存　｜智

｜然　｜明　｜令　建｜　守｜　真｜　典｜　妙｜

｜義　｜信　｜素　勝｜　聖｜　真｜

13 昌｜　｜運　｜雲　｜暁　｜秀　｜淳　｜昌　｜壮　｜則　｜徳　｜隆

｜亮　｜麗　嘉｜　興｜　富｜

｜恵　｜道　温｜　恭｜　敬｜　沖｜

14 ｜実　15 ｜種　16 ｜心　17 ｜諦　18 至｜　19 証｜　20 説｜　｜願　｜秀　｜修　｜信

｜智　｜忠　｜貞　｜徳　｜念　｜誘　懇｜　純｜　精｜　真｜　衷｜

21 寂｜　｜安　｜演　｜威　｜円　｜嘉　｜観　｜寛　｜境　｜響　｜香

｜寂　｜樹　｜秀　｜修　｜春　｜粛　｜心　｜祥　｜全　｜泰　｜致

｜智　｜貞　｜念　｜波　｜黙　淵｜　玄｜　至｜　守｜　慎｜　澄｜

恬｜　明｜　和｜

22 ｜悦　23 ｜海　24 ｜歓　25 ｜願　26 ｜行　27 ｜光　28 ｜寂　29 ｜性　30 ｜常　31 ｜水　32 ｜徹

33 ｜念　34 ｜力　35 ｜励　36 愛｜　37 一｜　38 貫｜　39 願｜　40 起｜　41 剛｜　42 三｜　43 至｜

---

①小172　②大75　③大13　④大94　⑤大40　⑥大86　⑦正214和242本346　⑧大79　⑨大29　⑩大43　⑪正208　⑫大13　⑬本284　⑭小178　⑮本334　⑯大66　⑰大39　⑱大66観155　⑲和229本327　⑳小181　㉑大24正215本409　㉒大21　㉓和221本338　㉔観132　㉕大23　㉖大22和237本391　㉗正208和243本320　㉘大24　㉙和260　㉚大13　㉛和253　㉜和243　㉝本324　㉞和222　㉟本357　㊱正208　㊲正211和236本312　㊳大89　㊴観155　㊵和241　㊶正213　㊷本321　㊸大28正207和226本289

信身

慈1｜ 直2｜ 樹3｜ 修4｜ 淳5｜ 正6｜ 勝7｜ 聖8｜ 上9｜ 定10｜ 誠11｜

真12｜ 深13｜ 洗14｜ 随15｜ 是16｜ 専17｜ 善18｜ 大19｜ 端20｜ 等21｜ 同22｜

道23｜ 由24｜ 了25｜ ｜逸 ｜懐 ｜覚 ｜学 ｜閑 ｜機 ｜鏡 ｜玄

｜源 ｜語 ｜香 ｜広 ｜受 ｜樹 ｜生 ｜証 ｜声 ｜静 ｜誠

｜是 ｜想 ｜存 ｜澄 ｜貞 ｜伝 ｜表 ｜法 ｜了 ｜諒 ｜錬

｜朗 運｜ 恵｜ 快｜ 観｜ 喜｜ 教｜ 行｜ 熏｜ 元｜ 弘｜

識｜ 昌｜ 清｜ 照｜ 浄｜ 靖｜ 哲｜ 鉄｜ 徹｜ 妙｜ 明｜

文｜ 唯｜ 遊｜ 霊｜

｜26光 智27｜ 照28｜ ｜心 ｜田 安｜ 完｜ 守｜ 節｜ 遍｜ 理｜

｜29慧 ｜30海 ｜31願 ｜32行 ｜33敬 ｜34楽(ぎょう) ｜35誨 ｜36解 ｜37見 ｜38受 ｜39順

｜40是 ｜41知 ｜42忍 ｜43奉 ｜44聞 ｜45明 勧46｜ 獲47｜ 敬48｜ 行49｜ 三50｜

清51｜ 浄52｜ 深53｜ 大54｜ 忠55｜ 当56｜ 明57｜ 聞58｜ 唯59｜ 履60｜ ｜栄

｜義 ｜教 ｜暁 ｜樹 ｜証 ｜城 ｜盛 ｜静 ｜誠 ｜誓 ｜善

｜智 ｜道 ｜導 ｜風 ｜雄 ｜龍 英｜ 永｜ 栄｜ 寛｜ 教｜

仰｜ 堅｜ 純｜ 誠｜ 単｜ 貞｜ 篤｜ 能｜

---

①大104観156本272 ②本320 ③本509 ④大76 ⑤本324 ⑥大108 ⑦大76 ⑧大70本309 ⑨本353 ⑩大76本278 ⑪大66 ⑫和243本320 ⑬大76観155本306 ⑭大91 ⑮大59 ⑯観143 ⑰大121観132本306 ⑱本269 ⑲和222 ⑳大92 ㉑大76 ㉒正215 ㉓観159本277 ㉔大77 ㉕本293 ㉖大72本279 ㉗本359 ㉘観153 ㉙大7本274 ㉚本385 ㉛本318 ㉜和238 ㉝本509 ㉞大28正207和222本265 ㉟正213 ㊱観165 ㊲正209 ㊳大121小183本278 ㊴大122本311 ㊵小178 ㊶和238 ㊷本361 ㊸本341 ㊹本323 ㊺大21 ㊻本301 ㊼正209 ㊽本266 ㊾本266 ㊿正213 (51)本504 (52)大18本266 (53)観131本325 (54)本270 (55)大91 (56)小178 (57)大114 (58)正209 (59)正212 (60)大59

津

｜梁[1]　玉｜　玄｜　洪｜　清｜　知｜　通｜　芳｜　問｜

神

｜光[2]　｜通[3]　｜徳[4]　｜力[5]　威｜[6]　開｜[7]　｜恵　｜応　｜策　｜正　｜勢

｜智　｜澄　｜洞　｜幽　｜雄　｜立　｜嶺　｜励　｜朗　至｜　入｜

伸

｜照　｜知　秀｜　充｜　政｜

真

｜因[8]　｜教[9]　｜実[10]　｜証[11]　｜心[12]　｜説[13]　｜智[14]　｜道[15]　｜法[16]　｜如[17]　｜妙[18]

｜門[19]　顕｜[20]　見｜[21]　修｜[22]　正｜[23]　勝｜[24]　入｜[25]　｜栄　｜円　｜淵　｜雅

｜覚　｜境　｜敬　｜鏡　｜慶　｜空　｜元　｜源　｜趣　｜寿　｜樹

｜住　｜章　｜勝　｜紹　｜正　｜性　｜精　｜常　｜浄　｜誠　｜詮

｜泉　｜善　｜素　｜泰　｜諦　｜澄　｜入　｜念　｜能　｜宝　｜隆

｜励　｜了　｜量　｜亮　｜龍　円｜　学｜　玉｜　玄｜　悟｜　最｜

純｜　称｜　照｜　全｜　大｜　知｜　貞｜　洞｜　保｜　養｜

進

｜徳[26]　策｜[27]　精｜[28]　｜栄　｜賢　｜道　｜暢　修｜　祐｜　誘｜

新

｜英　｜学　｜到　｜陽

慎

｜厚　｜独　｜密　温｜　戒｜　修｜　粛｜　清｜　貞｜

審

｜定[29]　｜覚　｜実　｜詳　清｜　精｜　端｜

---

①本294　②和221　③正211　④大20　⑤大38　⑥大19　⑦大55　⑧本292　⑨本265　⑩正208和222　⑪大21本319　⑫和243本320　⑬本319　⑭本402　⑮大18　⑯本292　⑰正211　⑱大15　⑲和227　⑳正211　㉑大76　㉒本265　㉓大18本310　㉔本407　㉕本348　㉖大83　㉗本336　㉘本274　㉙本374

ス

仁

｜諦[1]　｜淵　｜恵　｜海　｜恩　｜義　｜厚　｜寿　｜恕　｜心　｜道

｜徳　｜風　｜勇　｜雄　至｜　同｜

深

｜遠[2]　｜楽(ぎょう)[3]　｜広[4]　｜重[5]　｜正[6]　｜定[7]　｜心[8]　｜信[9]　｜諦[10]　｜入[11]　｜法[12]

｜妙[13]　弘[14]｜　窮[15]｜　甚[16]｜　尽[17]｜　得[18]｜　｜恩　｜覚　｜玄　｜厚　｜思

｜秀　｜証　｜省　｜誠　｜譲　｜翠　｜善　｜念　｜要　｜理　高｜

純｜　清｜　澄｜　理｜

甚

｜深[19]　｜宏　｜忠　｜妙

尋

｜開[20]　｜樹[21]　｜声　究｜　研｜　精｜

尽

｜奥[22]　｜寿[23]　｜深[24]　窮[25]｜　摂[26]｜　聞[27]｜　理[28]｜　｜際　｜節　｜忠

水

｜光[29]　｜精[30]　見[31]｜　衆[32]｜　浄[33]｜　心[34]｜　想[35]｜　徳[36]｜　｜華　｜玉　｜月

｜泡　鏡｜　秋｜　春｜　順｜　照｜　清｜　智｜　澄｜　滴｜　法｜

明｜　流｜　露｜

垂

｜教　｜説　｜徳

推

｜思　｜尚　｜尊　｜明

遂

果[37]｜　｜行　｜志　成｜

---

①大69　②大77本318　③大39　④大23本288　⑤本287　⑥大38　⑦大12　⑧大76観155本306　⑨観157本325　⑩大19　⑪大12　⑫大77　⑬大20本278　⑭大23本394　⑮大20　⑯大11観165本379　⑰大77　⑱大76　⑲大11観165本379　⑳観161　㉑観138　㉒大20　㉓大71　㉔大77　㉕本316　㉖本340　㉗大77　㉘本314　㉙大17　㉚大54　㉛観133　㉜正208　㉝大77　㉞和253　㉟観137　㊱大54小173　㊲大29

セ

粋 温― 学― 秀― 精― 端― 明―

翠 ―晶 ―成 ―明 ―蓮 空― 松― 積― 精― 深― 嵐―

瑞 ―華[1] ―相[2] 光[3]― 霊[4]― ―雲 ―演 ―応 ―孝 ―香 ―章 ―誠
―浄 ―城 ―心 ―真 ―兆 ―法 ―祐 ―蓮 嘉― 玉― 慶―
祥― 聖―

随 ―縁[5] ―応[6] ―順[7] ―心[8] 即[9]― ―嘉 ―珠 ―真 雲― 影― 天―

世 ―英[10] 救[11]― 興[12]― 超[13]―

施 ―草[14] 恵[15]― 広[16]― 功― 法― 報―

是 ―心[17] 信[18]― 即[19]― ―正 ―真 ―進 ―信 道― 良―

西 西(さい)を見よ

制 ―心 ―節 厳― 全― 操― 明― 容―

青 ―陽 ―隆 ―林 純― 翠―

性 性(しよう)を見よ

星 ―澄 ―文 ―明 寿― 照― 瑞― 徳―

政 政(じよう)を見よ

---

①大15和226 ②本373 ③和225 ④大15和226 ⑤和225 ⑥大51 ⑦大9観124 ⑧大59 ⑨大65 ⑩大14 ⑪和258 ⑫大121正209 ⑬大19和250 ⑭大9 ⑮大85 ⑯大38 ⑰観143 ⑱小178 ⑲観143

清　清(しよう)を見よ

晴　―暁　―空　―潭　―明　―洋　―朗　新―　雲―　淡―

靖　―安　―節　―寧　嘉―　閑―　簡―　清―　忠―

聖　聖(しよう)を見よ

誓　―応[1]　―恩[2]　―願[3]　―名[4]　弘―[5]　顕―[6]　重―[7]　大―[8]　本―[9]　―雲　―英
―弘　―重　―静　―譲　―心　―豊　―暢　―勇　―龍　信―　法―

盛　盛(じよう)を見よ

静　静(じよう)を見よ

整　―修　―心　厳―　斉―　端―

斉　斉(さい)を見よ

石　―澗　―窓　嘉―　泉―　鉄―

碩　―運　―果　―学　―信　―徳　博―　良―

積　積(しやく)を見よ

績　―文　勲―　声―　善―

雪　―山[10]　―心　玉―　香―　春―　清―　梅―　芳―

---

①正210　②正210　③正209和258　④正207　⑤大29正206和221本265　⑥正212　⑦正207　⑧正211　⑨正210　⑩本303

接　｜教　迎｜　｜真　礼｜

節　｜志　｜尚　｜操　｜亮　堅｜　持｜　盛｜　貞｜　礼｜

説　広[1]｜　純[2]｜　正[3]｜　称[4]｜　願[5]｜　真[6]｜　宣[7]｜　聞[8]｜　｜真　｜理　高｜

摂　善｜　妙｜　｜[9]化　｜[10]護　｜[11]取　｜[12]受　光[13]（しょう）｜　能[14]｜　｜生　｜尽　｜提（しょう）　｜益（しょうやく）

絶　超[15]｜　｜海　｜塵　｜妙　冠｜　秀｜

仙　｜桂　｜城　｜心　｜宝　｜游　楽｜　龍｜　金｜　真｜　大｜　洞｜

宣　｜[16]正　｜[17]説　｜[18]忠　｜[19]暢　｜[20]法　｜[21]流　弘[22]｜　広[23]｜　常[24]｜　能[25]｜　｜教　｜訓　｜讃　｜樹　｜秀　｜章　｜昭　｜照　｜誠　｜真　｜靖　｜明

染　｜揚　｜林　言｜　昭｜　承｜　善｜　道｜　明｜　｜[26]香　無[27]｜　｜薫　｜草

泉　湧[28]｜　｜源　｜証　栄｜　香｜　言｜　慈｜　寿｜　清｜　心｜　智｜

洗　澄｜　芳｜　林｜　｜[29]心　｜研　｜神　鏡｜　浄｜

専　｜[30]意　｜[31]観　｜[32]楽（ぎょう）　｜[33]求　｜[34]志　｜[35]修　｜[36]称　｜[37]精　｜[38]心　｜[39]想　｜[40]注

---

①観163　②観158　③本270　④小182　⑤大68　⑥本319　⑦観131　⑧小177　⑨和225　⑩和243本320　⑪正208和250　⑫和223本288　⑬本360　⑭本317　⑮和220本361　⑯大75　⑰観131　⑱本334　⑲大12　⑳大10　㉑大10小175　㉒大8和259　㉓大22　㉔大75　㉕大11　㉖和233　㉗本405　㉘本316　㉙大91　㉚大66　㉛本453　㉜大79　㉝大69　㉞大39　㉟和241本453　㊱正213　㊲大87本361　㊳大121観132本306　㊴観133　㊵本326

船　詮　遷　選　薦　鮮　聞　全　善

｜[1]念　｜[2]名　｜[3]礼　勧[4]｜　｜英　｜恩　｜淳　｜昌　｜昭　｜清　｜成

｜乗　｜道　｜龍　意｜　恩｜　静｜　智｜　貞｜　法｜

船
｜[5]筏　願[6]｜　大[7]｜　法｜　宝｜　蓮｜

詮
｜成　｜要　言｜　真｜　能｜　表｜　良｜

遷
｜住　｜昇　｜城　｜善　優｜

選
｜[8]択　｜遣　俊｜　清｜

薦
｜馨　｜称　｜崇　｜善　｜登

鮮
｜樹　｜昌　｜明　清｜　澄｜　芳｜　明｜

聞
開[9]｜　光[10]｜　｜顕　｜教　｜澄

全
｜栄　｜応　｜功　｜守　｜什　｜証　｜勝　｜乗　｜能　｜用　修｜

成｜　節｜　双｜　大｜　智｜　道｜　徳｜　隆｜　了｜　両｜

善
｜[11]慧　｜[12]学　｜[13]巧　｜[14]見　｜[15]根　｜[16]思　｜[17]実　｜[18]趣　｜[19]宿　｜[20]浄　｜[21]心

｜[22]知　｜[23]道　｜[24]導　｜[25]念　｜[26]能　｜[27]法　｜[28]本　｜[29]友　｜[30]来　｜[31]力　｜[32]立

開[33]｜　敬[34]｜　行[35]｜　遇[36]｜　賢[37]｜　極[38]｜　作[39]｜　積[40]｜　修[41]｜　成[42]｜　大[43]｜

得[44]｜　二[45]｜　柔[46]｜　念[47]｜　万[48]｜　立[49]｜　｜海　｜教　｜鏡　｜弘　｜興

---

①大64本302　②本453　③本453　④正213　⑤和252　⑥和260　⑦本265　⑧正214　⑨大10本442　⑩大15正211本267　⑪本275　⑫大12　⑬和242本319　⑭本316　⑮観161本321　⑯大7観131　⑰大6　⑱大38　⑲大18　⑳本483　㉑本269　㉒大121　㉓大59本386　㉔正213和241　㉕大19　㉖本379　㉗大78本272　㉘大13和227　㉙観167本323　㉚大7　㉛大44本393　㉜大12　㉝大13　㉞大108　㉟大105　㊱大121観163　㊲本276　㊳本413　㊴大85　㊵大59　㊶大58和259本443　㊷本352　㊸大90　㊹大85　㊺本325　㊻本483　㊼大104　㊽正213　㊾大108

ソ

―言　―順　―誓　―説　―宣　―智　―澄　―徳　―明　―雄　―裕

―隆　―龍　快―　勧―　教―　慶―　顕―　賛―　讃―　志―　至―

淳―　純―　章―　唱―　性―　薦―　忠―　澄―　養―

然
然(ねん)を見よ

禅
―慧[1]　―心[2]　―思[3]　―定[4]　―意　―悦　―薫　―解　―源　―悟　―静

―道　―隆　―林　修―　習―　真―　深―　大―　澄―　通―

素
―懐[5]　―願　―性　―超　―道　―仁　―亮　清―　浄―　誠―　忠―

祚
永―　景―　慶―　聖―　徳―　福―

祖
―運　―伝　―道　―法

礎
―安　―潤　―宝

蘇
―薫　―芳　昭―

早
―成　―達　観―　心―

壮
―栄　―懐　―志　―麗　貞―　勇―

相
―応[6]　―敬[7]　―好[8]　―光[9]　―勝[10]　―成[11]　―続[12]　威―[13]　往―[14]　還―[15]　実―[16]

勝―[17]　瑞―[18]　智―[19]　徳―[20]　宝―[21]　無―[22]　離―[23]　―音　―観　―器　―真

---

①大12　②大46　③大46　④大79　⑤和246　⑥正213　⑦大83　⑧和224　⑨大114　⑩大53　⑪和240　⑫和239本283　⑬大20　⑭和238　⑮和238　⑯本284　⑰本363　⑱本373　⑲和239本282　⑳本283　㉑小179　㉒大12本402　㉓和221

｜伝　｜念　｜和　円｜　厳｜　守｜　立｜

草　施[1]｜　染｜

爽　｜慧　｜徳　｜朗　英｜　俊｜　清｜　澄｜

崇　｜[2]徳　志[3]｜　｜英　｜学　｜顕　｜尚　｜信　欽｜　登｜　豊｜

想　｜[4]成　｜[5]水　｜[6]念　憶[7]｜　開[8]｜　専[9]｜　｜見　積｜　妙｜　夢｜

綜　貫[10]｜　博[11]｜　｜円　｜智　｜理　研｜　専｜　通｜

蒼　｜海　｜空　｜翠　｜溟

操　｜韻　｜持　｜守　｜松　雅｜　琴｜　清｜　妙｜

聡　｜[12]明　｜慧　｜悟　｜俊　｜照　｜達　｜敏　｜雄　聖｜　徳｜　明｜

総　｜[13]持　｜見　｜親　｜徳

叢　｜薫　｜萃　淵｜　芳｜

増　｜[14]上　｜輝　｜修　｜進　｜益(やく)

蔵　華[15]｜　三[16]｜　徳[17]｜　伏[18]｜　法[19]｜　宝[20]｜　｜界　｜修　｜寿　深｜

則　｜[21]開　聖｜　崇｜　貞｜　表｜

足　具[22]｜　知[23]｜　満[24]｜

---

①大9　②大109　③大77　④観144　⑤観137　⑥観140　⑦本447　⑧観153　⑨観133　⑩大11　⑪大8　⑫観126　⑬大33　⑭和242　⑮正211　⑯正212　⑰大68和224本437　⑱本272　⑲正206　⑳大41　㉑観158　㉒和223　㉓大40　㉔和235

タ

即

｜遺[1]　｜悟[2]　｜至[3]　｜生[4]　｜証[5]　｜随[6]　｜是[7]　｜得[8]　｜能[9]　｜往　｜浄

｜誠　｜心　｜身　｜到　｜融

速

｜到[10]　｜入[11]　極[12]｜　｜往　｜証　｜成　｜船　｜芳　厳｜　妙｜

触

光[13]｜　照[14]｜　｜花　｜照　｜耀

尊

｜敬[15]　｜重[16]　｜超[17]　極[18]｜　｜教　｜顕　｜信　｜世　｜長　｜道　栄｜

敬｜　最｜　照｜　道｜　徳｜

存

｜誠　｜道　｜念　｜養　心｜　長｜　黙｜

太

｜空　｜玄　｜康　｜齢

体

｜認　真｜　道｜　徳｜　妙｜

退

不[19]｜　｜隠　｜耕　謙｜　清｜　静｜

泰

｜安　｜雲　｜英　｜演　｜映　｜賢　｜謙　｜寿　｜信　｜全　｜尊

｜智　｜道　｜徳　｜那　｜忍　｜然　｜稔　｜文　｜琳　清｜　恬｜

諦

｜観[20]　｜住[21]　｜聴[22]　一[23]｜　仁[24]｜　安[25]｜　実[26]｜　誠[27]｜　常[28]｜　深[29]｜　｜因

｜允　｜胤　｜恵　｜英　｜応　｜歓　｜慶　｜見　｜賢　｜月　｜樹

｜俊　｜純　｜遵　｜順　｜成　｜心　｜真　｜信　｜道　｜導　｜念

---

①観164　②観157　③大60　④観158本287　⑤正211　⑥大65　⑦観143　⑧大64小177　⑨観159　⑩本307　⑪正215　⑫本320　⑬和220本428　⑭本358　⑮和231　⑯和235　⑰大89　⑱和224　⑲和223本274　⑳観143本442　㉑大13　㉒大16観131　㉓本379　㉔大69　㉕大11　㉖本311　㉗大39　㉘大13　㉙大19

大

―然 ―爾 ―勇 ―隆 ―量 信― 真― 道―

―安1 ―会2 ―音3 ―恩4 ―海5 ―歓6 ―願7 ―喜8 ―慶9 ―行10 ―弘11

―悟12 ―光13 ―香14 ―号15 ―慈16 ―捨17 ―寂18 ―集19 ―住20 ―勝21 ―聖22

―乗23 ―浄24 ―心25 ―信26 ―誓27 ―船28 ―善29 ―智30 ―超31 ―道32 ―悲33

―宝34 ―明35 ―益36 ―利37 ―龍38 演39― 広40― 証41― ―雲 ―英 ―栄

―叡 ―円 ―覚 ―環 ―観 ―元 ―器 ―機 ―空 ―華 ―厳

―寿 ―修 ―順 ―淳 ―照 ―成 ―静 ―精 ―城 ―全 ―哲

―然 ―鳳 ―勇 ―雄 ―了 ―亮 昌―

台

華42― 光43― ―保 ―嶺 雲― 玉― 香― 崇― 蓮―

沢

光44― ―潤 ―湛 仁― 聖― 徳― 芳― 麗―

卓

―爾 ―称 ―明 清― 超―

達

―空45 已46― 究47― 顕48― 洞49― 明50― 了51― ―観 ―源 ―真 ―眼

―玄 ―善 栄― 秀― 俊― 聡―

単

―信 ―誠 ―道

淡

―雅 ―翠 ―晴

---

①大20和220 ②正211和221 ③大19 ④和229 ⑤和252 ⑥観170 ⑦大24和254 ⑧本339 ⑨大71正209 ⑩本271 ⑪正206 ⑫観168 ⑬大9小179 ⑭大17 ⑮大6 ⑯大79観166和254 ⑰本339 ⑱本417 ⑲和249 ⑳大7 ㉑正209 ㉒正209 ㉓大7正210 ㉔大7本418 ㉕和222 ㉖本271 ㉗正211 ㉘本265 ㉙大90 ㉚正213 ㉛和223 ㉜和240本287 ㉝正210和250 ㉞正211 ㉟小179 ㊱本326 ㊲和223本273 ㊳和232 ㊴大38 ㊵大20正209和221 ㊶和243 ㊷本294 ㊸和228 ㊹和220本319 ㊺大89 ㊻大6 ㊼大68 ㊽大70 ㊾大47本394 ㊿大88 (51)本376

チ

探　—道　—微　—洋　照—　精—

湛　—[1]然　—円　—恩　—寂　—静　—露　—龍　元—　照—　清—　澄—

端　—[2]正　—[3]政　—[4]心　—[5]守　—厳　—整　—荘　—良　—麗

嘆　—[6]誉　歌[7]—　—称　—徳　讃—　賞—

潭　—恩　—澄　—海　玄—

談　—義　—玄　—理

檀　—香　—林　栴—

地　宝[8]—　—徳　—養　心—　善—

池　宝[9]—　円—　鏡—　玉—　香—　清—　涼—　蓮—

知　—[10]恩　—[11]願　—[12]見　—[13]生　—[14]足　—[15]法　証[16]—　信[17]—　善[18]—　能[19]—　—音　—覚　—観　—鏡　—行　—暁　—源　—周　—照　—章　—信　—泉　—蔵　—灯　—憧　—命　—了　真—　深—　精—　良—

致　—[20]敬　—覚　—趣　—富　雅—　格—　清—

智　—[21]慧　—[22]円　—[23]海　—[24]願　—[25]行　—[26]眼　—[27]城　—[28]身　—[29]相　—[30]度　—[31]幢　—[32]明　—[33]力　広[34]—　正[35]—　聖[36]—　勝[37]—　称[38]—　真[39]—　深[40]—　大[41]—　福[42]—

---

①大54　②大41　③和222　④大92　⑤大108　⑥大45和221　⑦和223　⑧観139小173　⑨観139和224　⑩本352　⑪大69　⑫大31観166和235　⑬正212　⑭大40　⑮大69　⑯正212　⑰和238　⑱大121　⑲小176　⑳大34　㉑大64正207和220　㉒和225　㉓正213和236本313　㉔和251本288　㉕和246　㉖和252　㉗本316　㉘本359　㉙和239本282　㉚和235　㉛大7　㉜本337　㉝大9　㉞大113　㉟本265　㊱本309　㊲大114　㊳大113　㊴本402　㊵大15　㊶正213　㊷本296

妙[1]—明[2]—雲—栄—淵—遠—戒—覚—学—観—巧

—教—鏡—慶—旭—月—見—賢—源—綱—弘—舟

—俊—順—性—照—定—誠—乗—浄—真—信—水

—碩—泉—船—宣—達—哲—統—導—道—徳—弁

—門—祐—勇—雄—養—龍教—全—仁—勇—

竹

—雲—窓—園—渓—林

中

—空—正—誠—情—台—道—和閑—居—享—教—

鏡—陽—

沖

—虚—寂—淡—和寛—清—深—太—

忠

—信[3]宣[4]—敬—憲—厚—順—信—誓—善—恕—陽

—良—亮純—誠—

緒

—正叡—勲—功—心—聖—福—

兆

寿—祥—瑞—

長

—遠[5]—寿[6]—生[7]—養[8]広[9]—安—閑—慶—載—善—齢

—量永—久—修—深—

---

①大68　②和239　③大91　④本334　⑤大47　⑥大93　⑦大81本317　⑧本341　⑨観151

頂　｜礼[1]　妙[2]｜　｜覚　｜受　｜心　｜天　｜法　灌｜　嶺｜

朝　｜暉　｜章　｜省　｜露　清｜　芳｜　明｜

超　｜出[3]　｜昇[4]　｜勝[5]　｜世[6]　｜絶[7]　｜截[8]　｜日[9]　横[10]｜　尊[11]｜　大[12]｜　｜悟

暢　清｜　聖｜　道｜　演[13]｜　究[14]｜　宣[15]｜　影[16]｜　和[17]｜　｜妙

調　｜順[18]　｜善[19]　｜意　｜綱　｜摂　雅｜　清｜　節｜

澄　｜円　｜観　｜輝　｜空　｜源　｜晃　｜静　｜心　｜爽　｜潭　｜哲

澂　｜徹　｜忍　｜雄　照｜　清｜　浄｜　｜潔[20]　｜清[21]　｜風　正｜

徴　｜解[22]　｜華　｜祥　寿｜　瑞｜　清｜　明｜

潮　｜音　｜信　｜洋　海｜　観｜　千｜　全｜

聴　｜受[23]　｜法[24]　｜聞[25]　楽[26]｜　諦[27]｜　｜信　｜従　｜容

直　直(じき)を見よ

沈　｜厚　｜思　｜心　｜檀　｜勇

珍　｜祥　｜善　嘉｜　綵｜　常｜

---

①和233　②大17　③本293　④本298　⑤大39　⑥大19和250　⑦和220本361　⑧正209　⑨大45正207　⑩正209本355　⑪大89　⑫和223　⑬大74小174　⑭大11　⑮大12　⑯大14　⑰本503　⑱本336　⑲大79　⑳大55　㉑観133　㉒本324　㉓大67　㉔本358　㉕本274　㉖大70　㉗大69観131

ツ

椿　―寿　―齢　荘―

鎮　―照　―静　玉―　嵩―　雄―　要―

通　―慧[1]　―入[2]　―明[3]　円―[4]　神―[5]　―暁　―顕　―玄　―心　―禅　―徹
―道　―敏　信―　知―　伝―　博―

テ

定　定（じょう）を見よ

貞　―鏡　―薫　―華　―厳　―香　―実　―修　―純　―昌　―静　―徳
―道　―芳　―亮　烈―　堅―　守―　清―　誠―　心―

提　―奨　―真　―要　招―　摂―　善―

禎　―行　―祥　―真　―瑞　嘉―　瑤―

哲　賢―[6]　勇―[7]　―栄　―映　―応　―成　―乗　―信　―鳳　―門　―友

徹　―雄　―龍　―隆　英―　俊―　聖―　明―
―照[8]　―到[9]　―入[10]　映―[11]　清―[12]　心―[13]　―玄　―秀　―精　―心　―真
―道　―文　―雄　高―　俊―　透―

鉄　―鎧　―漢　―貫　―玄　―生　―心　―腸　―念　―然

天　―楽（がく）[14]　―華[15]　―眼[16]　―耳[17]　―妙[18]　西―[19]　―海　―外　―啓　―慶　―憲

---

①大56　②和229　③大76　④和233　⑤正211　⑥和247　⑦大19　⑧大89　⑨和243本346　⑩本279　⑪大55　⑫大52　⑬和243　⑭大67本400　⑮観128　⑯大25　⑰大26　⑱大67　⑲正209

ト

—香 —授 —寿 —助 —祥 —昭 —性 —聖 —清 —常 —心

—真 —翠 —瑞 —全 —尊 —沢 —澄 —道 —徳 —表 —法

—宝 —遊 暁— 慈— 浄— 蒼— 碧—

典 —儀 —賢 —樹 —章 —勝 —常 —麗 金— 重— 昭—

恬 —静 —澹 —裕 清—

霑 —恵 —沢 均— 潤—

転 —入[1] 輪[2]— —教 —空 —瞬 —法 —輪 円— 昇— 星—

田 恩[3]— 玉— 穣— 心— 身— 福—

伝 —証[4] —求 承— 昭— 正— 心—

土 浄[5]— 報[6]— 妙[7]—

度 化[8]— 広[9]— 智[10]— 得[11]— 玄— 清— 貞— 徳—

冬 —覚 清— 隆—

到 已[12]— 還[13]— 出[14]— 速[15]— 徹[16]— —岸 —入 懇— 直(じき)— 精— 即—

東 —杲 —林

透 —観 —徹 雲— 香—

---

①和227　②正215　③本390　④本294　⑤和255　⑥正212本318　⑦和223　⑧和247
⑨大71　⑩和235　⑪大121　⑫大21　⑬大70　⑭和250　⑮本307　⑯和243本346

棟　―幹　高―　崇―

登　―岸　―顕　―崇　―臨　薦―　超―

等　―[1]覚　―[2]観　―[3]正　―[4]心　―[5]曜　―[6]力　正[7]―　成[8]―　平[9]―　普[10]―　―果

―慈　―照　―僊　―法　―倫　殊―　斉―

統　―紹　―宣　―道　元―　承―　宗―

当　―[11]信　―[12]聞　―往

燈　―[13]炬　然[14]―　明[15]―

同　―[16]証　―[17]心　―[18]悲

洞　―[19]達　―雲　―暁　―啓　―見　―玄　―照　―真　―徹　―了　―朗

虚―　洪―

堂　―奥　―照　玉―　華―　金―　明―　蘭―

道　―[20]意　―[21]教　―[22]光　―[23]成　―[24]心　―[25]得　為[26]―　一[27]―　行[28]―　求[29]―　直[30]―

正[31]―　昇[32]―　勝[33]―　証[34]―　聖[35]―　上[36]―　常[37]―　真[38]―　善[39]―　大[40]―　得[41]―

念[42]―　白[43]―　―因　―印　―瑩　―縁　―淵　―覚　―観　―享　―堯

―顕　―源　―弘　―樹　―純　―証　―定　―真　―仙　―宣　―宗

---

①正207和220　②大76　③大10和251　④大76　⑤大17　⑥和222　⑦本322　⑧大10正207　⑨和220本373　⑩大36　⑪小178　⑫観144　⑬和252　⑭本277　⑮本295　⑯本327　⑰正215　⑱正213　⑲大47本394　⑳大10本274　㉑大15　㉒和220本428　㉓本430　㉔観159本277　㉕大85　㉖大85　㉗和250本337　㉘大83　㉙大85　㉚本266　㉛大63　本316　㉜大81　㉝大14　㉞本506　㉟本506　㊱本276　㊲大94　㊳本355　㊴大59本386　㊵和240本287　㊶大16本374　㊷大81　㊸本320

導

|尊　|諦　|超　|貞　|統　|念　|法　|妙　|友　|要　|流

|隆　界|　学|　貫|　義|　順|　禅|　祖|　存|　徳|　仁|

|[1]生　開[2]|　善[3]|　|純　|奨　|宣　|龍

幢

一[4]|　華[5]|　智[6]|　法[7]|　宝[8]|　玉|　繍|

特

|採　|尊　|芳　秀|　貞|

得

|[9]往　|[10]開　|[11]空　|[12]見　|[13]至　|[14]住　|[15]生　|[16]証　|[17]定　|[18]浄　|[19]深

|[20]善　|[21]度　|[22]道　|[23]入　|[24]福　|[25]聞　|[26]誠　已[27]|　自[28]|　証[29]|　称[30]|

即[31]|　道[32]|　能[33]|　|聚　|酬　|昌　|乗　|城　|脱　|忍　|法

徳

|明　|益　|融　|悠　|祐　|龍

|[34]因　|[35]海　|[36]行　|[37]香　|[38]首　|[39]水　|[40]相　|[41]蔵　|[42]風　|[43]宝　|[44]本

為[45]|　威[46]|　恩[47]|　果[48]|　海[49]|　功[50]|　華[51]|　至[52]|　植[53]|　積[54]|　勝[55]|

聖[56]|　雅[57]|　成[58]|　進[59]|　神[60]|　崇[61]|　歎[62]|　福[63]|　満[64]|　妙[65]|　累[66]|

|恵　|英　|応　|音　|温　|輝　|華　|渓　|顕　|元　|弘

|修　|秀　|酬　|聚　|寿　|潤　|昇　|照　|証　|成　|乗

|誠　|操　|沢　|瑞　|念　|範　|方　|法　|豊　|祐　|誉

---

①本437 ②大71 ③正213和241 ④観142 ⑤観134 ⑥大7 ⑦大10小180 ⑧本378 ⑨大64 ⑩観143 ⑪大12 ⑫観147 ⑬大37 ⑭大11 ⑮小177 ⑯本305 ⑰大76 ⑱大69 ⑲大76 ⑳大85 ㉑大121 ㉒大71本374 ㉓本434 ㉔大85 ㉕大36観125 ㉖大100 ㉗大11 ㉘和256 ㉙本321 ㉚本296 ㉛大64小177 ㉜大85 ㉝大120 ㉞小177 ㉟本265 ㊱大40 ㊲大61 ㊳大118 ㊴大54観138和224 ㊵本283 ㊶大68和224本437 ㊷大61 ㊸大38本267 ㊹大29和223本271 ㊺大108 ㊻大19観166和237本296 ㊼大89和255 ㊽本314 ㊾本 279 ㊿大38正211和221本271 (51)小181 (52)大92和222本265 (53)大108 (54)大59 (55)本281 (56)和258 (57)大61 (58)本265 (59)大83 (60)大20 (61)大109 (62)大74 (63)大93 (64)正213 (65)大7本380 (66)大41

｜耀　｜力　｜立　｜龍　｜隆　謙｜　高｜　修｜　重｜　俊｜　順｜

清｜　盛｜　貞｜　明｜　養｜

篤
｜久　｜敬　｜孝　｜厚　｜信　｜道　慈｜　純｜

独
｜明[1]　｜行　｜修　慎｜

頓
｜教[2]　円[3]｜　｜覚　｜悟　｜証　｜成

ナ

内
｜訓　｜清　｜徳

南
｜薫　｜冥　和｜

軟
清｜　芳｜

難
｜思[4]　｜得　済｜　靖｜

ニ

二
｜善[5]　｜報[6]

日
｜光[7]　｜輪[8]　慧[9]｜　吉[10]｜　超[11]｜　顕｜

入
｜海[12]　｜真[13]　｜明[14]　｜楽[15]　廻[16]｜　開[17]｜　帰[18]｜　悟[19]｜　浄[20]｜　深[21]｜　徹[22]｜
得[23]｜　能[24]｜　｜観　｜教　｜乗　｜神　｜禅　｜法　直｜　到｜

柔
｜善[25]　｜輭[26]　｜恵　｜婉　｜淑　｜順　｜桑　｜良　温｜　寛｜　新｜
善｜　仁｜　礼｜

---

①正213　②和250　③和238　④大45本265　⑤本325　⑥本326　⑦大18正208　⑧本317　⑨大68本265　⑩和260　⑪大45正207　⑫正208　⑬本348　⑭大105　⑮大105　⑯正208和254　⑰大89正213　⑱正211　⑲和246　⑳本401　㉑大12　㉒本279　㉓本434　㉔正215　㉕本483　㉖大61

ネ

如

｜[1]実　｜[2]如　｜[3]法　一[4]｜　真[5]｜　｜雲　｜龍

仁

｜[6]愛　｜[7]賢　｜[8]慈　｜[9]惻(しき)　｜[10]性　｜[11]諦　興[12]｜　｜恵　｜敬　｜思　｜寿

｜成　｜心　｜智　｜道　｜風　｜雄　賢｜　善｜

任

｜運　｜賢　｜邦　治｜　保｜

忍

｜[13]声　｜[14]力　喜[15]｜　響[16]｜　三[17]｜　慈[18]｜　順[19]｜　信[20]｜　法[21]｜　｜戒　｜性

寧

｜法　澄｜

｜馨　｜康　｜靖(じょう)　｜静　｜雄　永｜　清｜　太｜

年

｜華　｜寿　称｜　盛｜

念

｜[22]喜　｜[23]善　｜[24]道　｜[25]力　一[26]｜　応[27]｜　憶[28]｜　五[29]｜　護[30]｜　矜[31]｜　剋[32]｜

慈[33]｜　正[34]｜　称[35]｜　心[36]｜　専[37]｜　善[38]｜　想[39]｜　普[40]｜　愍[41]｜　相[42]｜　｜経

然

｜空　｜声　｜相　｜法　寂｜

｜[43]燈　自[44]｜　昭[45]｜　常[46]｜　湛[47]｜　唯[48]｜　廓｜　儼｜　洪｜　寂｜　粛｜

惺｜　坦｜　超｜　適｜　恬｜　洞｜　朗｜

稔

｜[49]豊　｜(じん)泰　｜聞

ノ

能

｜[50]行　｜[51]住　｜[52]摂　｜[53]宣　｜[54]知　｜[55]得　｜[56]入　｜[57]量　善[58]｜　即[59]｜　｜幹

---

①正208和239本282　②大77　③大122　④本292　⑤正211　⑥大59　⑦大6　⑧大108観163　⑨本367　⑩大7　⑪大69　⑫大110　⑬大56　⑭大40　⑮本361　⑯大52　⑰正213　⑱本336　⑲大52　⑳本361　㉑大33　㉒正208　㉓大104　㉔大81　㉕和237　㉖大64正208和222　㉗大60　㉘正210和251本279　㉙本282　㉚大11小181和229　㉛本367　㉜本393　㉝本373　㉞大38和243本275　㉟和253本288　㊱本324　㊲本307　㊳大19　㊴観140　㊵大70　㊶大15　㊷大15　㊸本277　㊹大39正210　㊺大90　㊻大40　㊼大54　㊽大68　㊾本503　㊿大65　51大16　52本317　53大11　54小176　55大120　56正215　57本322　58本379　59観159

―受　―信　―仁　―忍　功―　賢―　殊―　真―　良―

ハ

納　―受　―信　―全

波　―玉　香―　清―　静―

梅　―香　―信　―窓　―林　早―

白　白(びゃく)を見よ

博　―愛[1]　―因[2]　―施[3]　―綜[4]　―陸[5]　広[6]―　―雅　―継　―習　―昌　―渉
―道　―徳　―法　―聞　厚―　精―

発　発(ほつ)を見よ

抜　―済　―世　俊―　清―　超―　徴―

範　―衛[7]　―学　―奎　―真　―忠　―貞　―道　―雄　英―　格―　軌―
洪―　示―　秀―　峻―　聖―　徳―

繁　―華　―滋　―祥　―盛　慈―　翠―

ヒ

飛　―雲　―華　―泉　―龍

悲　―願[8]　慈[9]―　大[10]―　同[11]―　―華　―想　―田

美　美(み)を見よ

---

①大108　②本321　③大59　④大8　⑤和246　⑥本379　⑦本471　⑧和228　⑨和224
⑩正210和250　⑪正213

フ

微 微（み）を見よ

必 ｜獲[1] ｜至[2] ｜受[3] ｜定[4] ｜往 ｜竟 ｜悟 ｜伝

白 ｜鵠[5] ｜毫[6] ｜道[7] 清[8]｜ ｜雲 ｜玉 ｜華 ｜雅 ｜圭 ｜善 ｜水
｜芳 ｜明 ｜龍 ｜蓮 ｜露 淳｜ 淡｜ 貞｜

表 ｜海 ｜顕 ｜証 ｜祥 ｜章 ｜詮 ｜徳 聖｜

標 ｜顕 ｜持 ｜秀 ｜照 ｜致

平 ｜等[9] ｜允 ｜広 ｜恕 ｜章 ｜静 ｜明 康｜ 昌｜ 清｜

敏 ｜慧 ｜昇 ｜聡 温｜ 恭｜ 精｜

不 ｜空[10] ｜虚[11] ｜退[12] ｜着 ｜染 ｜倒

扶 ｜持 ｜樹 ｜宣 ｜翼

浮 ｜雲 ｜翠

普 ｜行[13] ｜薫[14] ｜化[15] ｜賢[16] ｜現[17] ｜寂[18] ｜照[19] ｜済[20] ｜等[21] ｜念[22] ｜聞[23]
｜応 ｜海 ｜弘 ｜随 ｜徳 恩｜ 慶｜ 宏｜ 周｜ 洋｜

富 ｜厚 ｜耀 栄｜ 昌｜ 清｜

敷 ｜演 ｜教 ｜照 ｜宣

---

①正211　②正207　③本278　④正210本275　⑤小174　⑥観145　⑦本320　⑧大10　⑨和220本373　⑩本270　⑪大39　⑫和223本274　⑬大20本317　⑭大32　⑮正212　⑯和221　⑰大11観152　⑱大12　⑲大8観151　⑳大37　㉑本269　㉒大70　㉓観158

武 ｜幹 ｜成 ｜徳 ｜烈 英｜ 玄｜

撫 ｜存 ｜養 慈｜

風 清[1]｜ 徳[2]｜ 微[3]｜ ｜教 ｜馨 ｜趣 ｜順 ｜尚 ｜調 香｜ 祥｜

瑞｜ 道｜ 仁｜ 涼｜

福 ｜[4]応 ｜[5]智 ｜[6]田 ｜[7]徳 勝[8]｜ 得[9]｜ ｜慧 ｜寿 ｜昌 ｜祥 ｜報

｜祐 ｜楽 景｜ 厚｜ 勝｜ 清｜

文 ｜郁 ｜英 ｜苑 ｜海 ｜華 ｜雅 ｜研 ｜弘 ｜孝 ｜克 ｜義

｜守 ｜秀 ｜就 ｜昭 ｜成 ｜城 ｜伸 ｜宗 ｜善 ｜智 ｜明

｜友 ｜雄 ｜誉 ｜洋 ｜龍 ｜嶺 ｜麗 ｜朗 昭｜ 善｜ 芳｜

分 ｜靖 ｜端

芬 ｜郁 ｜華 ｜馨 ｜香 ｜芳

聞 聞(もん)を見よ

へ

碧 ｜海 ｜玉 ｜源 ｜翠 ｜潭

偏 ｜[10]重 ｜[11]満

徧 ｜[12]至 ｜[13]照 ｜[14]満 周[15]｜ 正[16]｜ ｜昭

---

①大51観134和224　②大61　③大51　④大59　⑤本296　⑥本390　⑦大93　⑧大79
⑨大85　⑩本373　⑪大61　⑫観159　⑬大68観146　⑭観144　⑮大75本359　⑯本309

ホ

遍 勉 弁 保 補 方 邦 法

｜[1]満 ｜照 ｜明 周｜ 無｜ 優｜

｜尋 ｜聡 ｜務 策｜ 忍｜

正[2]｜ 成[3]｜ ｜慧 ｜義 ｜節 ｜了 澄｜ 明｜ 朗｜

｜寿 ｜成 ｜定 ｜真 ｜祐 康｜ 慈｜ 明｜ 庸｜

｜真 ｜全 ｜益 蔭｜ 完｜ 巧｜

｜[4]開 十[5]｜ ｜潔 ｜志 ｜隆 応｜ 指｜ 殊｜ 西｜ 直｜ 徳｜

浄[6]｜ 楽[7]｜ ｜岐 ｜秀 ｜静 ｜寧 安｜ 靖｜

｜[8]慧 ｜[9]縁 ｜[10]音 ｜[11]海 ｜[12]楽 ｜[13]喜 ｜[14]鼓 ｜[15]眼 ｜[16]財 ｜[17]性 ｜[18]照

｜[19]声 ｜[20]城 ｜[21]潤 ｜[22]蔵 ｜[23]幢 ｜[24]忍 ｜[25]明 ｜[26]雷 愛[27]｜ 演[28]｜ 開[29]｜

観[30]｜ 喜[31]｜ 教[32]｜ 楽[33]｜ 護[34]｜ 持[35]｜ 正[36]｜ 勝[37]｜ 澍[38]｜ 真[39]｜ 深[40]｜

宣[41]｜ 善[42]｜ 知[43]｜ 聴[44]｜ 如[45]｜ 聞[46]｜ 妙[47]｜ 要[48]｜ 曜[49]｜ ｜安 ｜恵

｜映 ｜悦 ｜苑 ｜縁 ｜雨 ｜雲 ｜貫 ｜教 ｜欣 ｜空 ｜剣

｜元 ｜眼 ｜護 ｜幸 ｜寿 ｜授 ｜順 ｜淳 ｜準 ｜純 ｜証

｜上 ｜乗 ｜成 ｜盛 ｜水 ｜誓 ｜泉 ｜専 ｜諦 ｜忠 ｜道

｜童 ｜雄 ｜亮 ｜龍 ｜梁 ｜量 ｜輪 ｜林 浄｜ 心｜ 聖｜

---

①和249 ②正214 ③本285 ④観168 ⑤正207和221 ⑥本265 ⑦正212本297 ⑧大18 ⑨大52 ⑩大10小175 ⑪大19 ⑫大69本407 ⑬和220 ⑭大79 ⑮大76 ⑯本331 ⑰大69正211和242 ⑱和241 ⑲大56 ⑳大10 ㉑本432 ㉒正206本267 ㉓大10小180 ㉔大52 ㉕観165 ㉖大78 ㉗大76 ㉘大10 ㉙本267 ㉚大40 ㉛大76 ㉜和255 ㉝大76 ㉞大10 ㉟小180 ㊱大8和250本266 ㊲大121和227本304 ㊳大10 ㊴本292 ㊵大66 ㊶大10 ㊷大78本272 ㊸大69 ㊹本358 ㊺大122 ㊻大69観162 ㊼和224本360 ㊽本461 ㊾大10

本｜　明｜

抱

｜一　｜月　｜香　｜真　｜宝　｜龍　高｜

泡

｜影　｜幻

芳

暎[1]｜　｜雲　｜恵　｜映　｜苑　｜鏡　｜教　｜華　｜契　｜渓　｜馨

｜香　｜樹　｜周　｜春　｜俊　｜潤　｜宗　｜心　｜瑞　｜雪　｜節

｜泉　｜専　｜伝　｜竜　｜陵　｜蓮　｜露　秋｜　春｜　貞｜　芬｜

峰

高[2]｜　｜雲　｜翠

報

｜[3]恩　｜[4]生　｜[5]土　果[6]｜　酬[7]｜　勝[8]｜　二[9]｜　｜光　｜効　｜徳　感｜

豊

厚｜　正｜　福｜　陽｜

稔[10]｜　｜安　｜海　｜功　｜潤　｜成　｜盛　｜水　｜誓　｜登　｜徳

｜洋　｜麗　｜隆　玉｜　道｜　礼｜

鳳

｜栄　｜園　｜京　｜樹　｜秀　｜順　｜乗　｜仙　｜宣　｜竜　｜林

｜霊　翠｜　瑞｜

宝

｜[11]燄　｜[12]英(おう)　｜[13]海　｜[14]華　｜[15]香　｜[16]国　｜[17]珠　｜[18]樹　｜[19]相　｜[20]蔵　｜[21]池

｜[22]地　｜[23]幢　｜[24]鈴　｜[25]林　｜[26]蓮　観[27]｜　三[28]｜　七[29]｜　乗[30]｜　大[31]｜　徳[32]｜

---

①和247　②和249　③本359　④本396　⑤正212本318　⑥和249　⑦本410　⑧本432
⑨本326　⑩本503　⑪大17　⑫大7　⑬正211和235本271　⑭大62観151小181　⑮大67
⑯本330　⑰観133和239本332　⑱大35観135和224　⑲小179　⑳大41　㉑観139和224
㉒観139　㉓本378　㉔大61　㉕観157和224　㉖大62本292　㉗観135　㉘和255本380
㉙大42和223　㉚観164　㉛正211　㉜大38本267

妙[1]｜ ｜雲 ｜園 ｜鏡 ｜玉 ｜寿 ｜性 ｜哲 元｜ 鴻｜ 至｜

真｜ 名｜ 輪｜

発

｜[2]願 ｜応 ｜耀 秀｜

本

｜[3]学 ｜[4]願 ｜[5]行 ｜[6]修 ｜[7]誓 善[8]｜ 徳[9]｜ 了[10]｜ ｜懐 ｜義 ｜空

｜源 ｜悟 ｜性 ｜詮 ｜法 ｜有 還｜ 崇｜ 智｜ 道｜ 仁｜

礼｜

梵

｜[11]音 ｜響 ｜行 ｜声 ｜城 ｜蔵 ｜法 ｜明 ｜楽 雲｜ 香｜

清｜ 浄｜

マ

磨

｜鏡 ｜純 琢｜ 練｜

万

｜[12]善 ｜安 ｜華 ｜渓 ｜寿 ｜福 ｜宝 ｜隆 ｜竜

満

｜[13]足 ｜[14]徳 盈[15]｜ 円[16]｜ 充[17]｜ 修[18]｜ 周[19]｜ 成[20]｜ 徧[21]｜ 遍[22]｜ ｜雅

｜願 ｜行 ｜賢 ｜証 ｜誠 ｜徳 果｜ 清｜ 盛｜ 豊｜

ミ

味

—[23]｜ ｜到 佳｜ 香｜ 精｜ 禅｜ 道｜ 法｜ 芳｜

美

香[24]｜ ｜徳 ｜福 ｜妙 清｜ 善｜

微

｜[25]笑 ｜[26]風 ｜[27]妙 精[28]｜ 翠｜

---

①大23 ②大22和226 ③大11 ④正207 ⑤本293 ⑥和256 ⑦正210 ⑧大13和227 ⑨大69和223本271 ⑩大6 ⑪観166小180 ⑫正213 ⑬和235 ⑭正213 ⑮大54 ⑯正213 ⑰大120 ⑱大39 ⑲大48 ⑳大38 ㉑大61観144 ㉒和249 ㉓正208 ㉔本285 ㉕観129 ㉖大51小175 ㉗大77小173和224本378 ㉘和222

弥 ｜光[1] ｜久 ｜盛 ｜綸

密 ｜雲 ｜相 ｜信 ｜蔵 ｜幢 ｜輪 三｜ 慎｜ 深｜

名 ｜願[2] ｜義[3] ｜光[4] ｜声[5] ｜言[6] 持[7]｜ 専[8]｜ 聞[9]｜ ｜高 ｜興 ｜宿

｜節 ｜宣 唱｜ 清｜

妙（妙） ｜位[10] ｜音[11] ｜果[12] ｜願[13] ｜行[14] ｜軀[15] ｜華[16] ｜香[17] ｜好[18] ｜響[19]

｜声[20] ｜智[21] ｜頂[22] ｜土[23] ｜徳[24] ｜法[25] ｜宝[26] ｜楽[27] ｜和[28] 演[29]｜ 高[30]｜

殊[31]｜ 浄[32]｜ 真[33]｜ 深[34]｜ 暢[35]｜ 微[36]｜ 要[37]｜

明 ｜慧[38] ｜月[39] ｜鏡[40] ｜行[41] ｜見[42] ｜顕[43] ｜好[44] ｜証[45] ｜浄[46] ｜信[47] ｜達[48]

｜智[49] ｜燈[50] ｜曜[51] ｜利[52] ｜力[53] ｜了[54] ｜朗[55] 安[56]｜ 燄[57]｜ 開[58]｜ 月[59]｜

賢[60]｜ 顕[61]｜ 光[62]｜ 高[63]｜ 極[64]｜ 最[65]｜ 実[66]｜ 清[67]｜ 精[68]｜ 聖[69]｜ 浄[70]｜

信[71]｜ 聡[72]｜ 大[73]｜ 智[74]｜ 通[75]｜ 独[76]｜ 入[77]｜ 法[78]｜ ｜円 ｜果 ｜覚

｜観 ｜教 ｜悟 ｜珠 ｜秀 ｜照 ｜性 ｜静 ｜宣 ｜善 ｜窓

｜哲 ｜道 ｜徳 ｜弁 ｜揚 ｜亮 ｜倫 栄｜ 順｜ 昭｜ 澄｜

貞｜

命 帰[79]｜ 寿[80]｜ ｜維 ｜縁 ｜世 延｜ 正｜ 知｜ 立｜

---

①小178 ②和241 ③本282 ④小180 ⑤正207⑥本322 ⑦本302 ⑧本453 ⑨大70 ⑩本391 ⑪大74小178 ⑫正213本321 ⑬大69 ⑭本301 ⑮和222 ⑯大39観136 ⑰本400 ⑱本361 ⑲大68 ⑳大55本393 ㉑大68 ㉒大17 ㉓和223 ㉔大7本380 ㉕和224本360 ㉖大23 ㉗観132本407 ㉘大53 ㉙観153 ㉚本432 ㉛大14 ㉜観151 ㉝大15 ㉞大20本278 ㉟大68 ㊱大9小173和224 ㊲大11 ㊳大76本280 ㊴本438 ㊵大32観131 ㊶大18 ㊷大89 ㊸大8 ㊹本413 ㊺本270 ㊻大14 ㊼大114 ㊽大88 ㊾和239 ㊿本295 (51)大62 (52)大73 (53)大80 (54)大71観147和224 (55)和220 (56)大17 (57)大19 (58)大87 (59)大18 (60)大98 (61)大10 (62)正212和220本265 (63)大23 (64)本413 (65)本413 (66)和220 (67)大55 (68)大91 (69)大13 (70)本341 (71)大21 (72)観126 (73)小179 (74)本337 (75)大76 (76)正213 (77)大105 (78)観165 (79)正206和220 (80)和250

ム

猛 勇[1]｜ ｜省 寛｜ 清｜ 雄｜

冥 ｜応 ｜感 ｜佑 玄｜ 高｜ 紫｜

民 ｜心 ｜徳 ｜寧 ｜由 済｜ 重｜ 俊｜ 善｜ 牧｜

愍 ｜念[2] 慈[3]｜ 憐[4]｜

無 ｜畏[5] ｜為[6] ｜蓋[7] ｜窮[8] ｜礙[9] ｜寻[10] ｜倦[11] ｜極[12] ｜始[13] ｜著[14] ｜障[15] ｜相[16] ｜上[17] ｜染[18] ｜辺[19] ｜量[20] ｜倫[21] 空[22]｜ ｜涯 ｜尽 ｜着 ｜等 ｜遍 本｜

務 ｜昌 世｜ 綜｜ 勉｜

夢 ｜幻[23] ｜悟 ｜境 ｜遊 路｜ 雲｜ 覚｜ 間｜ 香｜ 残｜ 春｜ 清｜ 真｜ 瑞｜

メ

霧 ｜観 ｜眩 ｜相 香｜ 秋｜ 祥｜

名 名(みよう)を見よ

明 明(みよう)を見よ

命 命(みよう)を見よ

冥 冥(みよう)を見よ

---

①観156　②大15　③本342　④正214　⑤大56本312　⑥正215　⑦大15　⑧和252本413　⑨大16本308　⑩和220　⑪大40正214　⑫大19和222　⑬和254　⑭大17本412　⑮本407　⑯大12本402　⑰和222本309　⑱本405　⑲小176本272　⑳正206和221　㉑大19　㉒大12　㉓大69

モ

茂　光[1]―　―勲　―盛　―林　英―　弘―　秀―　俊―

猛　猛（みよう）を見よ

沐　―眩　―洗　薫―　澡―

黙　―契　―照　―道　―雷　玄―　静―

門　真[2]―　―望　雲―　慧―　教―　玄―　慈―　定―　心―　禅―　道―
法―　密―　明―　要―

聞　―光[3]　―香[4]　―信[5]　―尽[6]　―説[7]　―法[8]　―名[9]　戒[10]―　敬[11]―　見[12]―　信[13]―
多[14]―　聴[15]―　当[16]―　得[17]―　普[18]―　要[19]―　遙[20]―　―教　―朝　―達　―望
静―　仁―　博―

ヤ

弥　弥（み）を見よ

益　益（えき）を見よ

ユ

約　―信　―節　―法　豊―

由　―心[21]　慧[22]―　広[23]―　因―　縁―　教―　来―

涌　―生[24]　―泉　泉―　地―

喩　安―　教―　訓―　善―　博―

---

①大54　②和227　③小178和221　④大57　⑤正209　⑥大77　⑦小177　⑧大69観162　⑨大70　⑩大19　⑪大70　⑫和256　⑬本323　⑭大79　⑮本274　⑯観144　⑰大36観125　⑱観158　⑲大71　⑳本299　㉑大77　㉒大77　㉓正211　㉔観137

諭 高―　暁―　宣―

唯 ―楽[1]　―信[2]　―然[3]　―願[4]　―円　―慈　―唱　―称　―章　―定　―心
―澄　―哲　―徹　―明　―雄

惟 ―勤(ごん)　―静

友 勝[5]―　善[6]―　覚―　章―　雲―　慶―　賢―　道―　徳―　昭―　良―

有 有(う)を見よ

宥 ―心　―芳　―要　寛―　護―　真―　本―　妙―

幽 ―遠　―閑　―響　―薫　―顕　―玄　―香　―谷　―寂　―静　―真
―深　―翠　―潭　―致　―梵　―微　―夢　―蘭　清―　心―　闌―

勇 達―　通―　洞―
―哲[7]　―猛[8]　―立[9]　志[10]―　―往　―功　―剛　―章　―精　―勝　―政
―壮　―進　―諦　―徹　―導　―鳳　英―　義―　精―　大―　智―
沈―　仁―

祐(佑) ―栄　―英　―円　―寛　―紀　―教　―敬　―慶　―恭　―享
―行　―啓　―謙　―広　―興　―孝　―司　―実　―秀　―宗　―順

---

①大79　②正212　③大68　④大23　⑤観170　⑥観167　⑦大19　⑧大64観156　⑨大17　⑩大79

—助 —正 —証 —性 —照 —精 —尚 —成 —真 —信 —伸

—世 —仙 —全 —善 —智 —法 —宝 —明 —陸 —龍 —林

加— 護— 祥— 福—

裕 —栄 —秀 —徳 間— 寛— 弘— 恬—

悠 —雲 —遠 —照 —長 —揚 間— 幽—

雄 —快 —渾 —俊 —照 —勝 —捷 —心 —鎮 —風 —麗 —文

真— 文—

猷 嘉[1]— —華 —賢 高— 宗— 清— 聖— 大— 徳—

遊 —[2]行 —観 —就 —心 —道 —法 —竜 雲— 佳— 雅— 清—

誘 —導 —益 恩— 開— 訓— 誨— 道—

融 円[3]— 光[4]— —宣 —全 —風 —和 顕— 昭— 即— 妙—

優 —閑 —奨 —操 嘉— 学— 徳— 褒—

ヨ

与（與） —願 —楽 天—

余（餘） —[5]慶 —栄 —香 —沢 —芳

予（豫） 悦[6]— 安— 閑— 遊—

---

①本471 ②本285 ③本265 ④大10 ⑤大59 ⑥大14

誉
称―[1]　嘆―[2]　―盛　―褒　―望　―聞

用
―大（ゆう）　照―　信―　節―　善―　尊―　大―　登―　宝―　妙―　擢―

要
―行[3]　―法[4]　―妙[5]　―聞[6]　―義　―鎮　―道　―徳　―門　―益　―勇
顕―　至―　清―　深―　詮―

容
顔[7]―　―儀　―顔　―光　―忍　―蓮　音―　華―　昭―　聖―　真―

庸
嘉―　勲―　功―　登―

陽
―徳　―和　温―　昭―　清―　明―

揚
称[8]―　清[9]―　―道　―徳　顕―　賛―　宣―

葉
銀―　翠―　貞―　碧―

瑤
―淵　―顔　―樹　―泉　―台　―宝　―林　玉―

遙
―見[10]　―聞[11]　逍[12]―　―雲　―光

養
―育[13]　安[14]―　載[15]―　長[16]―　―義　―心　―真　―善　―道　思―

曜
―法[17]　威[18]―　顕[19]―　光[20]―　照[21]―　等[22]―　明[23]―　―音　―秀　―晶　―白
雲―　英―　華―　晃―　昭―　照―　清―　鮮―

耀
燄[24]―　光[25]―　晃[26]―　照[27]―

---

①本413　②大45和221　③本328　④本461　⑤大72　⑥大71　⑦和222　⑧本271　⑨大53　⑩観130　⑪本299　⑫本395　⑬和259　⑭大69正213本265　⑮本328　⑯本341　⑰大10　⑱大38　⑲大14　⑳和224　㉑和220　㉒大17　㉓大62　㉔大19　㉕大51　㉖大61　㉗大45

ラ

翼

｜善　｜法　賛｜　扶｜

来

｜生[1]　還[2]｜　善[3]｜　｜縁　｜応　｜由　雲｜

頼

｜栄　｜慶　｜空　｜慈　｜宗　｜俊　｜順　｜信　｜道　｜法

礼

専[4]｜　頂[5]｜　｜円　｜訓　｜謙　｜譲　｜節　｜則　｜智　｜道　｜柔

楽

｜本　｜容　嘉｜　学｜　崇｜　貞｜　隆｜

｜音[6]　｜受[7]　｜聴[8]　｜邦[9]　｜法[10]　愛[11]｜(ぎょう)　安[12]｜　願[13]｜(ぎょう)　帰[14]｜　慶[15]｜　快[16]｜

寿[17]｜　常[18]｜　浄[19]｜(がく)　信[20]｜(ぎょう)　深[21]｜(ぎょう)　専[22]｜(ぎょう)　天[23]｜(がく)　入[24]｜　法[25]｜　妙[26]｜　唯[27]｜(ぎょう)

｜因　｜苑　｜郷　｜只(し)　｜善　｜豊　｜(がく)容　寛｜　康｜(がく)　寧｜

嵐

｜静　渓｜　翠｜　青｜　晴｜

蘭

｜薫　｜契　｜馨　｜香　｜芳　玉｜　蕙｜　香｜　芝｜　秀｜　清｜

覧

｜純　｜正　周｜　照｜　清｜

リ

利

｜行[28]　｜華[29]　｜益[30](やく)　恵[31]｜　兼[32]｜　大[33]｜　明[34]｜　｜見　｜根　｜済　｜生

理

｜通　｜貞　｜導　｜法　｜邦　｜満　栄｜　善｜

｜尽[35]　｜恵　｜英　｜遠　｜空　｜賢　｜綱　｜周　｜俊　｜順　｜準

｜祥　｜照　｜勝　｜深　｜宣　｜達　｜灯　｜道　｜雄　玉｜　玄｜

---

①本272　②正215本294　③大7　④本453　⑤和233　⑥和224　⑦大69　⑧大70　⑨正212本297　⑩大76　⑪本322　⑫大42正210和221　⑬大16和235本334　⑭正212　⑮本330　⑯和224　⑰大81　⑱正214和242本391　⑲和224　⑳大28正207和222本265　㉑大39　㉒大79　㉓大67本400　㉔大105　㉕大69本407　㉖観132本407　㉗大79　㉘本408　㉙正209　㉚和226　㉛大40　㉜本342　㉝大120本273　㉞大73　㉟本314

元−厳−深−宣−通−法−妙−

履

−信[1]−順−善−道−盛−操−

離

−相[2]−念−永−遠−

力

−精[3]−威[4]−意[5]−因[6]−慧[7]−縁[8]−願[9]−窮[10]−光[11]−勝[12]−定[13]−

常[14]−心[15]−神[16]−善[17]−他[18]−智[19]−忍[20]−念[21]−明[22]−慈−信−

通−道−徳−福−法−妙−勇−

律

−学−準−持−清−浄−

立（りゅう）

−行[23]−善[24]−安[25]−已[26]−善[27]−徳[28]−勇[29]−願−教−相−正

−道−命−義−信−独−

柳

−陰−烟−条−翠−

流

流(る)を見よ

留

−円−縁−定−信−心−身−徳

興[30]−紹[31]−英−恩−貫−規−玄−興−光−言−秀

隆

−俊−順−昌−彰−証−章−照−定−成−盛−専

−道−徳−法−雄−礼−高−豊−

---

①大59　②和221　③大22　④大47　⑤大79　⑥大79　⑦大79　⑧大79　⑨大79正211和222　⑩大71　⑪和221　⑫大118　⑬大79　⑭大79　⑮和222　⑯大38　⑰大44本393　⑱正212和236　⑲大9　⑳大40　㉑和237　㉒大80　㉓和241　㉔大108　㉕大62　㉖大11　㉗大12　㉘大108　㉙大17　㉚本507　㉛本358

龍（竜）

｜音[1]　｜樹[2]　｜勝[3]　｜雲　｜英　｜円　｜暁　｜華　｜渓　｜見

｜香　｜興　｜秀　｜春　｜俊　｜正　｜祥　｜照　｜成　｜瑞　｜善

｜暢　｜天　｜徳　｜道　｜然　｜法　｜鳳　｜明　｜雄　潜｜　翠｜

了

｜義[4]　｜教[5]　｜見[6]　｜堅[7]　｜悟[8]　｜心[9]　｜達[10]　｜本[11]　覚[12]｜　暁[13]｜　決[14]｜

明[15]｜　｜易　｜因　｜恵　｜慧　｜栄　｜映　｜英　｜叡　｜円　｜応

｜覚　｜観　｜空　｜賢　｜堅　｜憲　｜玄　｜厳　｜樹　｜秀　｜正

｜昭　｜証　｜祥　｜照　｜信　｜宣　｜詮　｜善　｜諦　｜知　｜徹

｜得　｜然　｜法　｜祐　｜雄　｜融　｜養　円｜　究｜　賢｜　謙｜

広｜　公｜　秀｜　春｜　順｜　照｜　真｜　深｜　心｜　専｜　善｜

諦｜　智｜　洞｜　道｜　得｜　徳｜　祐｜

良

｜時[16]　賢[17]｜　｜因　｜雲　｜英　｜栄　｜円　｜温　｜戒　｜覚　｜学

｜観　｜儀　｜敬　｜恭　｜華　｜謙　｜玄　｜悟　｜光　｜才　｜秀

｜順　｜純　｜潤　｜昌　｜章　｜性　｜照　｜勝　｜心　｜信　｜真

｜瑞　｜善　｜泰　｜智　｜忠　｜超　｜澄　｜道　｜徳　｜仁　｜念

｜能　｜範　｜法　｜本　｜明　｜祐　｜雄　閑｜　元｜　俊｜　淳｜

---

①大18　②正210　③大118　④本301　⑤本315　⑥観160　⑦和224　⑧本301　⑨本293　⑩本376　⑪大6　⑫大69　⑬大12　⑭本326　⑮大12観147和224本297　⑯和260　⑰本483

清─端─

亮
雅[1]──英─環─輝─済─寿─春─瑞─節─宣─善

─直─達─明清─忠─貞─

梁
─苑空─津─沢─

涼
─[2]風温[3]─清[4]──蔭─秋─秀─泉─徳招─清─

量
思[5]─称[6]─能[7]─無[8]──雅─海─心─深─専─沢─雄

雅─教─弘─節─徳─法─

寥
─廓─空寂─清─

緑
─雲─陰─樹─泉翠─

林
宝[9]──英─苑─泉─風雲─学─玉─芸─香─樹─

松─照─清─深─芳─瑤─

琳
─琅香─清─瑤─

倫
常[10]─無[11]──紀─綱超─等─

輪
─[12]転光[13]─浄[14]─日[15]──相─宝雲─玉─桂─香─転─

法─密─

---

①和224　②観166　③大61　④観166本373　⑤本291　⑥大31　⑦本322　⑧正206和221　⑨観157和224　⑩大29　⑪大19　⑫正215　⑬和220　⑭本465　⑮本317

隣　—好—情—睦善—有—

臨　—照—深高—至—慈—

ル

流　響[1]—宣[2]—温—遠—霞—磬—芳—麗—露雲—洪—
清—随—道—

累　—[3]徳—雲—功—善

レ

令　—義—正—照—称—章—乗—譲—知—徳—誉

鈴　宝[4]（りょう）—雄—語—声

励　勧[5]—心[6]—精—善—弼—法策—恪—

嶺　—雲—昭—照—仙—頂—東—鳳

礼　礼（らい）を見よ

麗　光[7]—厳[8]—雅—春—沢—容偉—英—艶—佳—華—
姸—顕—殊—秀—純—清—壮—端—文—妙—流—

齢　廷—寿—昌—松—椿—

霊　—[9]瑞—応—音—覚—感—観—教—護—芝—秀—樹
—昌—照—正—城—泉—詮—智—道—表—法—宝

---

①大19　②大10小175　③大41　④大61　⑤本327　⑥本357　⑦大30　⑧大61　⑨大15和226

｜峰　｜妙　｜雄　｜和　円｜　慶｜　厳｜　昭｜　祥｜　心｜　清｜

聖｜　明｜

歴

｜授　｜渉　｜昇　寂｜　清｜　通｜　典｜

烈

威｜　義｜　功｜　盛｜　壮｜　忠｜　芳｜　雄｜

連

｜秀　｜城　｜諦　｜理

蓮

｜華[1]　宝[2]｜　｜光　｜香　｜舟　｜生　｜乗　｜城　｜船　｜池　｜芳

｜友　｜雄　光｜　金｜　紅｜　浄｜　翠｜　瑞｜　白｜

練

貫[3]｜　｜真　玉｜　閑｜　精｜　心｜

廉

｜謹　｜潔　｜慎　｜白

ロ

路

西[4]｜　栄｜　覚｜　玉｜　厳｜　清｜　直｜

露

｜英　｜光　｜繁　甘｜　珠｜　秋｜　祥｜　清｜　瑞｜　滴｜　白｜

朗

芳｜

明[5]｜　｜悟　開｜　玉｜　玄｜　高｜　秀｜　昭｜　潤｜　心｜　清｜

ワ

和

晴｜　爽｜　聡｜　洞｜　独｜

｜悦[6]　｜敬[7]　｜雅(げ)[8]　｜顔[9]　｜順[10]　｜暢[11]　清[12]｜　常[13]｜　妙[14]｜　｜信　｜風

---

①正211和253　②大62本292　③大8　④和244　⑤和220　⑥観125　⑦大79　⑧大67小174　⑨大40　⑩大109　⑪本503　⑫和224　⑬大83　⑭大53

―楽寛―閑―香―純―静―貞―柔―融―陽―養―

法名について

付　院号・位号

真宗と法名

法名とは法の名字という意味で、仏法に帰依したものにつける名前である。したがって真宗で、法名というのは得度式、帰敬式に際して授与されるのが本来のものである。いうまでもなく法名は一般に二字よりなり、これに冠するに釈字をつける。

つまり釈○○、釈尼○○（女性）となるわけである。真宗法名はこの釈字をもって特徴とするが、これはつぎの故事に由来する。すなわち中国四世紀にでた道安にはじまるといわれ、道安は釈尊欽仰のあまり「仏教の本は釈尊にあり、沙門は宜しく釈をもって姓とすべし」とし、これまで僧侶が皆各自の師匠の姓を称していたのに対して、自ら釈道安をなのり、これにならって当時の沙門皆釈○○を称するようになったという。その後、増一阿含が訳され「四河、海に入って異名なし、四姓出家すれば同じく釈氏と称す」と示してあったので、人々は道安の卓見に感じいったと伝えられる。

しかし真宗において釈号を重んずるのは宗祖にはじまる。宗祖は愚禿釈親鸞となのり、非僧非俗の立場を貫かれた。如来よりたまわりたる信心を獲れば僧も俗もともに仏弟子となることから釈字を冠するのである。

法名と戒名

法名は他宗においては戒名とよぶことが多い。受戒をうけたものが、俗名をあらためなのるものである。在家にあっては授戒式に参加して法号を授けられる。戒名とは受戒し仏法に帰依したもののしるしである。

法名の歴史

わが国では、続日本紀・天平勝宝元年の項に「私度の沙弥、法名応法に入師位を授く」の記事があり、これにより奈良時代にすでにその形ができていたことがわかる。古くは二字が通例であり、御堂関白道長が行覚、源氏の多田満仲が満慶を称したなど、古記録に見えるところである。鎌倉時代にはいると禅宗が伝えられ、一世を風靡するが、中国禅宗の習慣から法名の上に道号を加えることが広まった。今日各宗四字法名の起源となる。

道号と法名

道号と法名の相違は前者が号であり、後者が名であることである。中国では、貴人に対して本名〔諱〕をじかに呼ぶことをさけ、相手の居所、室名、など嘉字をえらんで別号とし、よび名〔号〕とした。仏家もこれにならい智顗は法名であるが、かれは天台山にいるので天台とよび、また湛然がかれの法名であるが、荊渓に住んでいるのでこれをよび名とした。禅僧の蘭渓道隆、夢窓疎石、いずれも上二字は道号、下二字は法名である。

各宗法号の特色

生前なり没後なり法名を授与して、その菩提を期する習わしは、今日各宗共々行っているところである。そこで各宗宗風の違いからそれぞれ独特のものを用いるようになってきた。

真言宗の金剛名、浄土宗の阿号、誉号、蓮社号、日蓮宗の日号などはその代表的なものである。

法名選定とその心得

法名は元来、俗名をあらため、仏弟子となってその決意を表明した名である。その意味から法名は仏弟子としての名であり、そのためには経典、聖教より仏語・嘉字を選定するのが原則である。この字選において各字項にこれらの適語、適熟を配列した所以はそこにある。

したがって仏語にほど遠い無意味な名、仏教の本質に背反する文字は当ててはならない。また難解・難読のもの、誤解を招きやすいもの、人に不審の念をおこさせるような奇異なものはさけることである。

つまり法名下附の機縁が弥陀弘誓の光益につながるよき名になることである。また選字がその人の人格や功績を表わすような配慮も必要であろう。

そこで法名の選定には古来いくつかのしきたりがあり、一応の参考としてここに掲げておく。

㈠ 俗名の一字

法名選定の本来の意味からは、むしろ俗名とは無縁の文字を選ぶべきである。ところが、依頼する側では法名中に俗名一字をいれることに期待をかける場合が多い。もし適切な、造字ができれば、そうした依頼者の心情をくみとる用意があってもよかろう。

㈡ 読みやすいこと

法名には読みやすいこと、語感（ひびき）のよいことが大切な条件となる。俗にいう語呂（ごろ）のあう熟字にすることである。法名を漢音でよみ、あるいは呉漢併用などが行われるのはそうした配慮かと思われる。

㈢ 男女・幼老の別

法名用字には男性向のもの、女性向のものがある。男性向としては

威・鋭・毅・厳・剛・浄・壮・徹・道・徳・然・雄・勇・了……など

また女性向としては、妙をはじめとして

鏡・香・好・淑・智・貞・操・芳・美・蓮……

などがあげられる。妙が女性法名に圧倒的に使用されるのは古くからのしきたりといってよい。天寿をつくした老人には、寿の字が用いられ、逆に幼童向としては、

稚・幻・夢・泡・露・暁、などがあげられる。

㈣ 動物と草木名

犬・馬・羊・豚のごとき家畜名、狼・熊・猪のごとき野獣類……これらはさけた方が無難である。ただし古来四霊として特別扱いされている、龍・亀・麟・鳳、またこれに準ずる鸞・鶴・鵬・鹿・駿、など霊獣類はかなり用いられている。その他まれには使用例のあるものとして、（獣）牛・虎・獅・象、（禽）鷲・鷹・隼・鷗、などがある。なお草木についてはよく使われるものとして次のものが挙げられる。

蘭・菊・蓮・松・竹・梅・桂・柏

桑・柳・桜・椿・檀

㈤ 地形、気象など

法名二字の下字が次の文字で終るものについては、取扱いを慎重にする必要がある。

―山　―獄　―水　―江　などの地形。

—邑　—邸　などの地域　あるいは　—殿
—室　—斉　—軒　など居所を表わす熟字
以上のような造字は、多く道号〔院号〕や雅号に用いられる。したがって法名には適切でないという意見もある。同様なことは次の場合にもあてはまる。

（天象）　—日　—星　—風　—雪　など
（事象）　—幢　—門　—窓　—船　など
（人事）　—翁　—叟　—嫗　—老　など

㈥　禁字について

ごく近年まで、本山歴代の法号、法諱など遠慮するならわしがあった。もし誤ってこの規制にふれると、法主染筆の法名下附などに差しつかえをきたしたりすることがあった（これを禁字とよぶ）。同様、皇室歴代の御名、古来の本朝年号などについても遠慮するならわしがあった。

空海、最澄、道元、など各宗の祖師方や、歴史上の高僧名なども常識としてはずすのが当然であろう。

（参考）　親・鸞・範・宴・如・光・彰・演・闡・暢・紹（大谷派）

院号について

日本における院号のはじめは、嵯峨帝が御所を嵯峨院に移され（現、大覚寺）、太上天皇を称されたのがはじまりといわれる。降って冷泉院以後の諸帝は中国風の諡号〔おくりな〕も日本風の尊号も廃され、ご生前縁故の地を院号としお呼びすることとなった。この傾向はその後、女院号（東三条院にはじまる）となり、摂関家院号となった。さらに摂関家子弟の門跡寺院入山にともない、各門跡、院号を称するようになる。

武家では足利尊氏、薨じて等持院殿と追号され、これより武家の棟梁、代々院殿号を用いた。本願寺においては、永緑三年、十一世顕如上人勅許により院家に列せられ、はじめて院号を称することになる（本願寺准門跡という）。

徳川時代には諸大名、それぞれ院殿号を用い、のちには直参、陪臣これにならい、ついには士分ことごとく院号を称するにいたる。四民平等の明治時代にはいると、院号附与はさらにその範囲を拡げていった。なお軒・庵・斉などを用いて院号に準用する場合もある。

位号について

葬送にあたり故人の生前中の地位や功績に対し、法名のあとに何か尊称を附したい……そのような気持から生じたのが位号であろう。

位号についても各宗にそれぞれ独特の型があるようだが、

たとえば次の通りである。

一、——院殿——大居士（——院殿—清大姉）
一、——院——居士（——院——大姉）
一、——信士（——信女）
一、——童子（——童女）

（ ）内、女性の形を示す。

なおこのほか、童子以下の位号として孩子（がいし）・嬰子（えいじ）（子に代り児・女を附するも可）があり、また水子（すいし）は、流産や死産の児につける。

真宗の場合は位号を用いないのが原則であるが、地方のならわしにより居士・信士・大姉・信女など、位号を用いるところも少くない。

なお、釈○○位、釈○○法位とする例もある。

古い石塔などを見ると、○○禅定門と記したものに出あうことがある。平安時代にこの習慣がはじまるが、高位の人が仏門に帰依し、剃髪、染衣すると禅定門をおくるならわしがあった。天皇落飾（らくしょく）（落髪して仏門に入る）したまうと禅定法皇と申し上げ、略して法皇となる。摂関家においては相国禅閤（しょうこくぜんこう）あるいは禅定博陸（ぜんじょうはくりく）などとよばれた（相国は太政大臣の唐名、太閤、博陸は関白をさす）。禅定門は省略して禅士、禅門となり、婦人の場合は禅定尼、略して禅尼となる。禅定門が禅宗系で多く用いられるのに対し、浄士系では正定聚や不退位を用いる場合もある。

おわりに

法名や院号には過去からのながい伝承があり、それが今日におよんでいる。そこで本文を参考に、その人にふさわしい法号を選ぶことが望ましい。法名選定にはある程度の経験があれば、自ずとうまくできるものである。そのためには日頃、経釈、聖教の拝誦、研究が必要なことはいうをまたない。

忌日早見表（一月）

一月	初七日 月 日	二七日 月 日	三七日 月 日	四七日 月 日	五七日 月 日	六七日 月 日	七七日 月 日	百カ日 月 日
一日	一、七	一、十四	一、廿一	一、廿八	二、四	二、十一	二、十八	四、十
二日	一、八	一、十五	一、廿二	一、廿九	二、五	二、十二	二、十九	四、十一
三日	一、九	一、十六	一、廿三	一、三十	二、六	二、十三	二、二十	四、十二
四日	一、十	一、十七	一、廿四	一、卅一	二、七	二、十四	二、廿一	四、十三
五日	一、十一	一、十八	一、廿五	二、一	二、八	二、十五	二、廿二	四、十四
六日	一、十二	一、十九	一、廿六	二、二	二、九	二、十六	二、廿三	四、十五
七日	一、十三	一、二十	一、廿七	二、三	二、十	二、十七	二、廿四	四、十六
八日	一、十四	一、廿一	一、廿八	二、四	二、十一	二、十八	二、廿五	四、十七
九日	一、十五	一、廿二	一、廿九	二、五	二、十二	二、十九	二、廿六	四、十八
十日	一、十六	一、廿三	一、三十	二、六	二、十三	二、二十	二、廿七	四、十九
十一日	一、十七	一、廿四	一、卅一	二、七	二、十四	二、廿一	二、廿八	四、二十
十二日	一、十八	一、廿五	二、一	二、八	二、十五	二、廿二	三、一	四、廿一
十三日	一、十九	一、廿六	二、二	二、九	二、十六	二、廿三	三、二	四、廿二
十四日	一、二十	一、廿七	二、三	二、十	二、十七	二、廿四	三、三	四、廿三
十五日	一、廿一	一、廿八	二、四	二、十一	二、十八	二、廿五	三、四	四、廿四
十六日	一、廿二	一、廿九	二、五	二、十二	二、十九	二、廿六	三、五	四、廿五
十七日	一、廿三	一、三十	二、六	二、十三	二、二十	二、廿七	三、六	四、廿六
十八日	一、廿四	一、卅一	二、七	二、十四	二、廿一	二、廿八	三、七	四、廿七
十九日	一、廿五	二、一	二、八	二、十五	二、廿二	三、一	三、八	四、廿八
二十日	一、廿六	二、二	二、九	二、十六	二、廿三	三、二	三、九	四、廿九
廿一日	一、廿七	二、三	二、十	二、十七	二、廿四	三、三	三、十	四、三十
廿二日	一、廿八	二、四	二、十一	二、十八	二、廿五	三、四	三、十一	五、一
廿三日	一、廿九	二、五	二、十二	二、十九	二、廿六	三、五	三、十二	五、二
廿四日	一、三十	二、六	二、十三	二、二十	二、廿七	三、六	三、十三	五、三
廿五日	一、卅一	二、七	二、十四	二、廿一	二、廿八	三、七	三、十四	五、四
廿六日	二、一	二、八	二、十五	二、廿二	三、一	三、八	三、十五	五、五
廿七日	二、二	二、九	二、十六	二、廿三	三、二	三、九	三、十六	五、六
廿八日	二、三	二、十	二、十七	二、廿四	三、三	三、十	三、十七	五、七
廿九日	二、四	二、十一	二、十八	二、廿五	三、四	三、十一	三、十八	五、八
三十日	二、五	二、十二	二、十九	二、廿六	三、五	三、十二	三、十九	五、九
卅一日	二、六	二、十三	二、二十	二、廿七	三、六	三、十三	三、二十	五、十

閏年は太線以下一日ずつ繰上げのこと（三月一日は二月二十九日となる）

忌日早見表（二月）

二月	初七日 月日	二七日 月日	三七日 月日	四七日 月日	五七日 月日	六七日 月日	七七日 月日	百ヵ日 月日		
一日	二、七	二、十四	二、廿一	二、廿八	三、七	三、十四	三、廿一	五、十一		
二日	二、八	二、十五	二、廿二	三、一	三、八	三、十五	三、廿二	五、十二		
三日	二、九	二、十六	二、廿三	三、二	三、九	三、十六	三、廿三	五、十三		
四日	二、十	二、十七	二、廿四	三、三	三、十	三、十七	三、廿四	五、十四		
五日	二、十一	二、十八	二、廿五	三、四	三、十一	三、十八	三、廿五	五、十五		
六日	二、十二	二、十九	二、廿六	三、五	三、十二	三、十九	三、廿六	五、十六		
七日	二、十三	二、二十	二、廿七	三、六	三、十三	三、二十	三、廿七	五、十七		
八日	二、十四	二、廿一	二、廿八	三、七	三、十四	三、廿一	三、廿八	五、十八		
九日	二、十五	二、廿二	三、一	三、八	三、十五	三、廿二	三、廿九	五、十九		
十日	二、十六	二、廿三	三、二	三、九	三、十六	三、廿三	三、三十	五、二十		
十一日	二、十七	二、廿四	三、三	三、十	三、十七	三、廿四	三、卅一	五、廿一		
十二日	二、十八	二、廿五	三、四	三、十一	三、十八	三、廿五	四、一	五、廿二		
十三日	二、十九	二、廿六	三、五	三、十二	三、十九	三、廿六	四、二	五、廿三		
十四日	二、二十	二、廿七	三、六	三、十三	三、二十	三、廿七	四、三	五、廿四		
十五日	二、廿一	二、廿八	三、七	三、十四	三、廿一	三、廿八	四、四	五、廿五		
十六日	二、廿二	三、一	三、八	三、十五	三、廿二	三、廿九	四、五	五、廿六		
十七日	二、廿三	三、二	三、九	三、十六	三、廿三	三、三十	四、六	五、廿七		
十八日	二、廿四	三、三	三、十	三、十七	三、廿四	三、卅一	四、七	五、廿八		
十九日	二、廿五	三、四	三、十一	三、十八	三、廿五	四、一	四、八	五、廿九		
二十日	二、廿六	三、五	三、十二	三、十九	三、廿六	四、二	四、九	五、三十		
廿一日	二、廿七	三、六	三、十三	三、二十	三、廿七	四、三	四、十	五、卅一		
廿二日	二、廿八	三、七	三、十四	三、廿一	三、廿八	四、四	四、十一	六、一		
廿三日	三、一	三、八	三、十五	三、廿二	三、廿九	四、五	四、十二	六、二		
廿四日	三、二	三、九	三、十六	三、廿三	三、三十	四、六	四、十三	六、三		
廿五日	三、三	三、十	三、十七	三、廿四	三、卅一	四、七	四、十四	六、四		
廿六日	三、四	三、十一	三、十八	三、廿五	四、一	四、八	四、十五	六、五		
廿七日	三、五	三、十二	三、十九	三、廿六	四、二	四、九	四、十六	六、六		
廿八日	三、六	三、十三	三、二十	三、廿七	四、三	四、十	四、十七	六、七		
廿九日	三、七	三、十四	三、廿一	三、廿八	四、四	四、十一	四、十八	六、八		

閏年は太線以下一日ずつ繰上げのこと（三月一日は二月二十九日となる）

忌日早見表（三月）

三月	初七日 月日	二七日 月日	三七日 月日	四七日 月日	五七日 月日	六七日 月日	七七日 月日	百ヵ日 月日
一日	三、七	三、十四	三、廿一	三、廿八	四、四	四、十一	四、十八	六、八
二日	三、八	三、十五	三、廿二	三、廿九	四、五	四、十二	四、十九	六、九
三日	三、九	三、十六	三、廿三	三、三十	四、六	四、十三	四、二十	六、十
四日	三、十	三、十七	三、廿四	三、卅一	四、七	四、十四	四、廿一	六、十一
五日	三、十一	三、十八	三、廿五	四、一	四、八	四、十五	四、廿二	六、十二
六日	三、十二	三、十九	三、廿六	四、二	四、九	四、十六	四、廿三	六、十三
七日	三、十三	三、二十	三、廿七	四、三	四、十	四、十七	四、廿四	六、十四
八日	三、十四	三、廿一	三、廿八	四、四	四、十一	四、十八	四、廿五	六、十五
九日	三、十五	三、廿二	三、廿九	四、五	四、十二	四、十九	四、廿六	六、十六
十日	三、十六	三、廿三	三、三十	四、六	四、十三	四、二十	四、廿七	六、十七
十一日	三、十七	三、廿四	三、卅一	四、七	四、十四	四、廿一	四、廿八	六、十八
十二日	三、十八	三、廿五	四、一	四、八	四、十五	四、廿二	四、廿九	六、十九
十三日	三、十九	三、廿六	四、二	四、九	四、十六	四、廿三	四、三十	六、二十
十四日	三、二十	三、廿七	四、三	四、十	四、十七	四、廿四	五、一	六、廿一
十五日	三、廿一	三、廿八	四、四	四、十一	四、十八	四、廿五	五、二	六、廿二
十六日	三、廿二	三、廿九	四、五	四、十二	四、十九	四、廿六	五、三	六、廿三
十七日	三、廿三	三、三十	四、六	四、十三	四、二十	四、廿七	五、四	六、廿四
十八日	三、廿四	三、卅一	四、七	四、十四	四、廿一	四、廿八	五、五	六、廿五
十九日	三、廿五	四、一	四、八	四、十五	四、廿二	四、廿九	五、六	六、廿六
二十日	三、廿六	四、二	四、九	四、十六	四、廿三	四、三十	五、七	六、廿七
廿一日	三、廿七	四、三	四、十	四、十七	四、廿四	五、一	五、八	六、廿八
廿二日	三、廿八	四、四	四、十一	四、十八	四、廿五	五、二	五、九	六、廿九
廿三日	三、廿九	四、五	四、十二	四、十九	四、廿六	五、三	五、十	六、三十
廿四日	三、三十	四、六	四、十三	四、二十	四、廿七	五、四	五、十一	七、一
廿五日	三、卅一	四、七	四、十四	四、廿一	四、廿八	五、五	五、十二	七、二
廿六日	四、一	四、八	四、十五	四、廿二	四、廿九	五、六	五、十三	七、三
廿七日	四、二	四、九	四、十六	四、廿三	四、三十	五、七	五、十四	七、四
廿八日	四、三	四、十	四、十七	四、廿四	五、一	五、八	五、十五	七、五
廿九日	四、四	四、十一	四、十八	四、廿五	五、二	五、九	五、十六	七、六
三十日	四、五	四、十二	四、十九	四、廿六	五、三	五、十	五、十七	七、七
卅一日	四、六	四、十三	四、二十	四、廿七	五、四	五、十一	五、十八	七、八

忌日早見表（四月）

四月	初七日 月日	二七日 月日	三七日 月日	四七日 月日	五七日 月日	六七日 月日	七七日 月日	百カ日 月日
一日	四、七	四、十四	四、廿一	四、廿八	五、五	五、十二	五、十九	七、九
二日	四、八	四、十五	四、廿二	四、廿九	五、六	五、十三	五、二十	七、十
三日	四、九	四、十六	四、廿三	四、三十	五、七	五、十四	五、廿一	七、十一
四日	四、十	四、十七	四、廿四	五、一	五、八	五、十五	五、廿二	七、十二
五日	四、十一	四、十八	四、廿五	五、二	五、九	五、十六	五、廿三	七、十三
六日	四、十二	四、十九	四、廿六	五、三	五、十	五、十七	五、廿四	七、十四
七日	四、十三	四、二十	四、廿七	五、四	五、十一	五、十八	五、廿五	七、十五
八日	四、十四	四、廿一	四、廿八	五、五	五、十二	五、十九	五、廿六	七、十六
九日	四、十五	四、廿二	四、廿九	五、六	五、十三	五、二十	五、廿七	七、十七
十日	四、十六	四、廿三	四、三十	五、七	五、十四	五、廿一	五、廿八	七、十八
十一日	四、十七	四、廿四	五、一	五、八	五、十五	五、廿二	五、廿九	七、十九
十二日	四、十八	四、廿五	五、二	五、九	五、十六	五、廿三	五、三十	七、二十
十三日	四、十九	四、廿六	五、三	五、十	五、十七	五、廿四	五、卅一	七、廿一
十四日	四、二十	四、廿七	五、四	五、十一	五、十八	五、廿五	六、一	七、廿二
十五日	四、廿一	四、廿八	五、五	五、十二	五、十九	五、廿六	六、二	七、廿三
十六日	四、廿二	四、廿九	五、六	五、十三	五、二十	五、廿七	六、三	七、廿四
十七日	四、廿三	四、三十	五、七	五、十四	五、廿一	五、廿八	六、四	七、廿五
十八日	四、廿四	五、一	五、八	五、十五	五、廿二	五、廿九	六、五	七、廿六
十九日	四、廿五	五、二	五、九	五、十六	五、廿三	五、三十	六、六	七、廿七
二十日	四、廿六	五、三	五、十	五、十七	五、廿四	五、卅一	六、七	七、廿八
廿一日	四、廿七	五、四	五、十一	五、十八	五、廿五	六、一	六、八	七、廿九
廿二日	四、廿八	五、五	五、十二	五、十九	五、廿六	六、二	六、九	七、三十
廿三日	四、廿九	五、六	五、十三	五、二十	五、廿七	六、三	六、十	七、卅一
廿四日	四、三十	五、七	五、十四	五、廿一	五、廿八	六、四	六、十一	八、一
廿五日	五、一	五、八	五、十五	五、廿二	五、廿九	六、五	六、十二	八、二
廿六日	五、二	五、九	五、十六	五、廿三	五、三十	六、六	六、十三	八、三
廿七日	五、三	五、十	五、十七	五、廿四	五、卅一	六、七	六、十四	八、四
廿八日	五、四	五、十一	五、十八	五、廿五	六、一	六、八	六、十五	八、五
廿九日	五、五	五、十二	五、十九	五、廿六	六、二	六、九	六、十六	八、六
三十日	五、六	五、十三	五、二十	五、廿七	六、三	六、十	六、十七	八、七

忌日早見表（五月）

五月	初七日 月日	二七日 月日	三七日 月日	四七日 月日	五七日 月日	六七日 月日	七七日 月日	百ヵ日 月日
一日	五、七	五、十四	五、廿一	五、廿八	六、四	六、十一	六、十八	八、八
二日	五、八	五、十五	五、廿二	五、廿九	六、五	六、十二	六、十九	八、九
三日	五、九	五、十六	五、廿三	五、三十	六、六	六、十三	六、二十	八、十
四日	五、十	五、十七	五、廿四	五、卅一	六、七	六、十四	六、廿一	八、十一
五日	五、十一	五、十八	五、廿五	六、一	六、八	六、十五	六、廿二	八、十二
六日	五、十二	五、十九	五、廿六	六、二	六、九	六、十六	六、廿三	八、十三
七日	五、十三	五、二十	五、廿七	六、三	六、十	六、十七	六、廿四	八、十四
八日	五、十四	五、廿一	五、廿八	六、四	六、十一	六、十八	六、廿五	八、十五
九日	五、十五	五、廿二	五、廿九	六、五	六、十二	六、十九	六、廿六	八、十六
十日	五、十六	五、廿三	五、三十	六、六	六、十三	六、二十	六、廿七	八、十七
十一日	五、十七	五、廿四	五、卅一	六、七	六、十四	六、廿一	六、廿八	八、十八
十二日	五、十八	五、廿五	六、一	六、八	六、十五	六、廿二	六、廿九	八、十九
十三日	五、十九	五、廿六	六、二	六、九	六、十六	六、廿三	六、三十	八、二十
十四日	五、二十	五、廿七	六、三	六、十	六、十七	六、廿四	七、一	八、廿一
十五日	五、廿一	五、廿八	六、四	六、十一	六、十八	六、廿五	七、二	八、廿二
十六日	五、廿二	五、廿九	六、五	六、十二	六、十九	六、廿六	七、三	八、廿三
十七日	五、廿三	五、三十	六、六	六、十三	六、二十	六、廿七	七、四	八、廿四
十八日	五、廿四	五、卅一	六、七	六、十四	六、廿一	六、廿八	七、五	八、廿五
十九日	五、廿五	六、一	六、八	六、十五	六、廿二	六、廿九	七、六	八、廿六
二十日	五、廿六	六、二	六、九	六、十六	六、廿三	六、三十	七、七	八、廿七
廿一日	五、廿七	六、三	六、十	六、十七	六、廿四	七、一	七、八	八、廿八
廿二日	五、廿八	六、四	六、十一	六、十八	六、廿五	七、二	七、九	八、廿九
廿三日	五、廿九	六、五	六、十二	六、十九	六、廿六	七、三	七、十	八、三十
廿四日	五、三十	六、六	六、十三	六、二十	六、廿七	七、四	七、十一	八、卅一
廿五日	五、卅一	六、七	六、十四	六、廿一	六、廿八	七、五	七、十二	九、一
廿六日	六、一	六、八	六、十五	六、廿二	六、廿九	七、六	七、十三	九、二
廿七日	六、二	六、九	六、十六	六、廿三	六、三十	七、七	七、十四	九、三
廿八日	六、三	六、十	六、十七	六、廿四	七、一	七、八	七、十五	九、四
廿九日	六、四	六、十一	六、十八	六、廿五	七、二	七、九	七、十六	九、五
三十日	六、五	六、十二	六、十九	六、廿六	七、三	七、十	七、十七	九、六
卅一日	六、六	六、十三	六、二十	六、廿七	七、四	七、十一	七、十八	九、七

忌日早見表（六月）

六月	初七日 月日	二七日 月日	三七日 月日	四七日 月日	五七日 月日	六七日 月日	七七日 月日	百ヵ日 月日
一日	六、七	六、十四	六、廿一	六、廿八	七、五	七、十二	七、十九	九、八
二日	六、八	六、十五	六、廿二	六、廿九	七、六	七、十三	七、二十	九、九
三日	六、九	六、十六	六、廿三	六、三十	七、七	七、十四	七、廿一	九、十
四日	六、十	六、十七	六、廿四	七、一	七、八	七、十五	七、廿二	九、十一
五日	六、十一	六、十八	六、廿五	七、二	七、九	七、十六	七、廿三	九、十二
六日	六、十二	六、十九	六、廿六	七、三	七、十	七、十七	七、廿四	九、十三
七日	六、十三	六、二十	六、廿七	七、四	七、十一	七、十八	七、廿五	九、十四
八日	六、十四	六、廿一	六、廿八	七、五	七、十二	七、十九	七、廿六	九、十五
九日	六、十五	六、廿二	六、廿九	七、六	七、十三	七、二十	七、廿七	九、十六
十日	六、十六	六、廿三	六、三十	七、七	七、十四	七、廿一	七、廿八	九、十七
十一日	六、十七	六、廿四	七、一	七、八	七、十五	七、廿二	七、廿九	九、十八
十二日	六、十八	六、廿五	七、二	七、九	七、十六	七、廿三	七、三十	九、十九
十三日	六、十九	六、廿六	七、三	七、十	七、十七	七、廿四	七、卅一	九、二十
十四日	六、二十	六、廿七	七、四	七、十一	七、十八	七、廿五	八、一	九、廿一
十五日	六、廿一	六、廿八	七、五	七、十二	七、十九	七、廿六	八、二	九、廿二
十六日	六、廿二	六、廿九	七、六	七、十三	七、二十	七、廿七	八、三	九、廿三
十七日	六、廿三	六、三十	七、七	七、十四	七、廿一	七、廿八	八、四	九、廿四
十八日	六、廿四	七、一	七、八	七、十五	七、廿二	七、廿九	八、五	九、廿五
十九日	六、廿五	七、二	七、九	七、十六	七、廿三	七、三十	八、六	九、廿六
二十日	六、廿六	七、三	七、十	七、十七	七、廿四	七、卅一	八、七	九、廿七
廿一日	六、廿七	七、四	七、十一	七、十八	七、廿五	八、一	八、八	九、廿八
廿二日	六、廿八	七、五	七、十二	七、十九	七、廿六	八、二	八、九	九、廿九
廿三日	六、廿九	七、六	七、十三	七、二十	七、廿七	八、三	八、十	九、三十
廿四日	六、三十	七、七	七、十四	七、廿一	七、廿八	八、四	八、十一	十、一
廿五日	七、一	七、八	七、十五	七、廿二	七、廿九	八、五	八、十二	十、二
廿六日	七、二	七、九	七、十六	七、廿三	七、三十	八、六	八、十三	十、三
廿七日	七、三	七、十	七、十七	七、廿四	七、卅一	八、七	八、十四	十、四
廿八日	七、四	七、十一	七、十八	七、廿五	八、一	八、八	八、十五	十、五
廿九日	七、五	七、十二	七、十九	七、廿六	八、二	八、九	八、十六	十、六
三十日	七、六	七、十三	七、二十	七、廿七	八、三	八、十	八、十七	十、七

忌日早見表（七月）

七月	初七日 月 日	二七日 月 日	三七日 月 日	四七日 月 日	五七日 月 日	六七日 月 日	七七日 月 日	百ヶ日 月 日
一日	七、七	七、十四	七、廿一	七、廿八	八、四	八、十一	八、十八	十、八
二日	七、八	七、十五	七、廿二	七、廿九	八、五	八、十二	八、十九	十、九
三日	七、九	七、十六	七、廿三	七、三十	八、六	八、十三	八、二十	十、十
四日	七、十	七、十七	七、廿四	七、卅一	八、七	八、十四	八、廿一	十、十一
五日	七、十一	七、十八	七、廿五	八、一	八、八	八、十五	八、廿二	十、十二
六日	七、十二	七、十九	七、廿六	八、二	八、九	八、十六	八、廿三	十、十三
七日	七、十三	七、二十	七、廿七	八、三	八、十	八、十七	八、廿四	十、十四
八日	七、十四	七、廿一	七、廿八	八、四	八、十一	八、十八	八、廿五	十、十五
九日	七、十五	七、廿二	七、廿九	八、五	八、十二	八、十九	八、廿六	十、十六
十日	七、十六	七、廿三	七、三十	八、六	八、十三	八、二十	八、廿七	十、十七
十一日	七、十七	七、廿四	七、卅一	八、七	八、十四	八、廿一	八、廿八	十、十八
十二日	七、十八	七、廿五	八、一	八、八	八、十五	八、廿二	八、廿九	十、十九
十三日	七、十九	七、廿六	八、二	八、九	八、十六	八、廿三	八、三十	十、二十
十四日	七、二十	七、廿七	八、三	八、十	八、十七	八、廿四	八、卅一	十、廿一
十五日	七、廿一	七、廿八	八、四	八、十一	八、十八	八、廿五	九、一	十、廿二
十六日	七、廿二	七、廿九	八、五	八、十二	八、十九	八、廿六	九、二	十、廿三
十七日	七、廿三	七、三十	八、六	八、十三	八、二十	八、廿七	九、三	十、廿四
十八日	七、廿四	七、卅一	八、七	八、十四	八、廿一	八、廿八	九、四	十、廿五
十九日	七、廿五	八、一	八、八	八、十五	八、廿二	八、廿九	九、五	十、廿六
二十日	七、廿六	八、二	八、九	八、十六	八、廿三	八、三十	九、六	十、廿七
廿一日	七、廿七	八、三	八、十	八、十七	八、廿四	八、卅一	九、七	十、廿八
廿二日	七、廿八	八、四	八、十一	八、十八	八、廿五	九、一	九、八	十、廿九
廿三日	七、廿九	八、五	八、十二	八、十九	八、廿六	九、二	九、九	十、三十
廿四日	七、三十	八、六	八、十三	八、二十	八、廿七	九、三	九、十	十、卅一
廿五日	七、卅一	八、七	八、十四	八、廿一	八、廿八	九、四	九、十一	十一、一
廿六日	八、一	八、八	八、十五	八、廿二	八、廿九	九、五	九、十二	十一、二
廿七日	八、二	八、九	八、十六	八、廿三	八、三十	九、六	九、十三	十一、三
廿八日	八、三	八、十	八、十七	八、廿四	八、卅一	九、七	九、十四	十一、四
廿九日	八、四	八、十一	八、十八	八、廿五	九、一	九、八	九、十五	十一、五
三十日	八、五	八、十二	八、十九	八、廿六	九、二	九、九	九、十六	十一、六
卅一日	八、六	八、十三	八、二十	八、廿七	九、三	九、十	九、十七	十一、七

忌日早見表（八月）

八月	初七日 月日	二七日 月日	三七日 月日	四七日 月日	五七日 月日	六七日 月日	七七日 月日	百ヵ日 月日
一日	八、七	八、十四	八、廿一	八、廿八	九、四	九、十一	九、十八	十一、八
二日	八、八	八、十五	八、廿二	八、廿九	九、五	九、十二	九、十九	十一、九
三日	八、九	八、十六	八、廿三	八、三十	九、六	九、十三	九、二十	十一、十
四日	八、十	八、十七	八、廿四	八、卅一	九、七	九、十四	九、廿一	十一、十一
五日	八、十一	八、十八	八、廿五	九、一	九、八	九、十五	九、廿二	十一、十二
六日	八、十二	八、十九	八、廿六	九、二	九、九	九、十六	九、廿三	十一、十三
七日	八、十三	八、二十	八、廿七	九、三	九、十	九、十七	九、廿四	十一、十四
八日	八、十四	八、廿一	八、廿八	九、四	九、十一	九、十八	九、廿五	十一、十五
九日	八、十五	八、廿二	八、廿九	九、五	九、十二	九、十九	九、廿六	十一、十六
十日	八、十六	八、廿三	八、三十	九、六	九、十三	九、二十	九、廿七	十一、十七
十一日	八、十七	八、廿四	八、卅一	九、七	九、十四	九、廿一	九、廿八	十一、十八
十二日	八、十八	八、廿五	九、一	九、八	九、十五	九、廿二	九、廿九	十一、十九
十三日	八、十九	八、廿六	九、二	九、九	九、十六	九、廿三	九、三十	十一、二十
十四日	八、二十	八、廿七	九、三	九、十	九、十七	九、廿四	十、一	十一、廿一
十五日	八、廿一	八、廿八	九、四	九、十一	九、十八	九、廿五	十、二	十一、廿二
十六日	八、廿二	八、廿九	九、五	九、十二	九、十九	九、廿六	十、三	十一、廿三
十七日	八、廿三	八、三十	九、六	九、十三	九、二十	九、廿七	十、四	十一、廿四
十八日	八、廿四	八、卅一	九、七	九、十四	九、廿一	九、廿八	十、五	十一、廿五
十九日	八、廿五	九、一	九、八	九、十五	九、廿二	九、廿九	十、六	十一、廿六
二十日	八、廿六	九、二	九、九	九、十六	九、廿三	九、三十	十、七	十一、廿七
廿一日	八、廿七	九、三	九、十	九、十七	九、廿四	十、一	十、八	十一、廿八
廿二日	八、廿八	九、四	九、十一	九、十八	九、廿五	十、二	十、九	十一、廿九
廿三日	八、廿九	九、五	九、十二	九、十九	九、廿六	十、三	十、十	十一、三十
廿四日	八、三十	九、六	九、十三	九、二十	九、廿七	十、四	十、十一	十二、一
廿五日	八、卅一	九、七	九、十四	九、廿一	九、廿八	十、五	十、十二	十二、二
廿六日	九、一	九、八	九、十五	九、廿二	九、廿九	十、六	十、十三	十二、三
廿七日	九、二	九、九	九、十六	九、廿三	九、三十	十、七	十、十四	十二、四
廿八日	九、三	九、十	九、十七	九、廿四	十、一	十、八	十、十五	十二、五
廿九日	九、四	九、十一	九、十八	九、廿五	十、二	十、九	十、十六	十二、六
三十日	九、五	九、十二	九、十九	九、廿六	十、三	十、十	十、十七	十二、七
卅一日	九、六	九、十三	九、二十	九、廿七	十、四	十、十一	十、十八	十二、八

忌日早見表（九月）

九月	初七日 月 日	二七日 月 日	三七日 月 日	四七日 月 日	五七日 月 日	六七日 月 日	七七日 月 日	百ヶ日 月 日
一日	九、七	九、十四	九、廿一	九、廿八	十、五	十、十二	十、十九	十二、九
二日	九、八	九、十五	九、廿二	九、廿九	十、六	十、十三	十、二十	十二、十
三日	九、九	九、十六	九、廿三	九、三十	十、七	十、十四	十、廿一	十二、十一
四日	九、十	九、十七	九、廿四	十、一	十、八	十、十五	十、廿二	十二、十二
五日	九、十一	九、十八	九、廿五	十、二	十、九	十、十六	十、廿三	十二、十三
六日	九、十二	九、十九	九、廿六	十、三	十、十	十、十七	十、廿四	十二、十四
七日	九、十三	九、二十	九、廿七	十、四	十、十一	十、十八	十、廿五	十二、十五
八日	九、十四	九、廿一	九、廿八	十、五	十、十二	十、十九	十、廿六	十二、十六
九日	九、十五	九、廿二	九、廿九	十、六	十、十三	十、二十	十、廿七	十二、十七
十日	九、十六	九、廿三	九、三十	十、七	十、十四	十、廿一	十、廿八	十二、十八
十一日	九、十七	九、廿四	十、一	十、八	十、十五	十、廿二	十、廿九	十二、十九
十二日	九、十八	九、廿五	十、二	十、九	十、十六	十、廿三	十、三十	十二、二十
十三日	九、十九	九、廿六	十、三	十、十	十、十七	十、廿四	十、卅一	十二、廿一
十四日	九、二十	九、廿七	十、四	十、十一	十、十八	十、廿五	十一、一	十二、廿二
十五日	九、廿一	九、廿八	十、五	十、十二	十、十九	十、廿六	十一、二	十二、廿三
十六日	九、廿二	九、廿九	十、六	十、十三	十、二十	十、廿七	十一、三	十二、廿四
十七日	九、廿三	九、三十	十、七	十、十四	十、廿一	十、廿八	十一、四	十二、廿五
十八日	九、廿四	十、一	十、八	十、十五	十、廿二	十、廿九	十一、五	十二、廿六
十九日	九、廿五	十、二	十、九	十、十六	十、廿三	十、三十	十一、六	十二、廿七
二十日	九、廿六	十、三	十、十	十、十七	十、廿四	十、卅一	十一、七	十二、廿八
廿一日	九、廿七	十、四	十、十一	十、十八	十、廿五	十一、一	十一、八	十二、廿九
廿二日	九、廿八	十、五	十、十二	十、十九	十、廿六	十一、二	十一、九	十二、三十
廿三日	九、廿九	十、六	十、十三	十、二十	十、廿七	十一、三	十一、十	十二、卅一
廿四日	九、三十	十、七	十、十四	十、廿一	十、廿八	十一、四	十一、十一	一、一
廿五日	十、一	十、八	十、十五	十、廿二	十、廿九	十一、五	十一、十二	一、二
廿六日	十、二	十、九	十、十六	十、廿三	十、三十	十一、六	十一、十三	一、三
廿七日	十、三	十、十	十、十七	十、廿四	十、卅一	十一、七	十一、十四	一、四
廿八日	十、四	十、十一	十、十八	十、廿五	十一、一	十一、八	十一、十五	一、五
廿九日	十、五	十、十二	十、十九	十、廿六	十一、二	十一、九	十一、十六	一、六
三十日	十、六	十、十三	十、二十	十、廿七	十一、三	十一、十	十一、十七	一、七

忌日早見表（十月）

十月	初七日 月日	二七日 月日	三七日 月日	四七日 月日	五七日 月日	六七日 月日	七七日 月日	百ヵ日 月日
一日	十、七	十、十四	十、廿一	十、廿八	十一、四	十一、十一	十一、十八	一、八
二日	十、八	十、十五	十、廿二	十、廿九	十一、五	十一、十二	十一、十九	一、九
三日	十、九	十、十六	十、廿三	十、三十	十一、六	十一、十三	十一、二十	一、十
四日	十、十	十、十七	十、廿四	十、卅一	十一、七	十一、十四	十一、廿一	一、十一
五日	十、十一	十、十八	十、廿五	十一、一	十一、八	十一、十五	十一、廿二	一、十二
六日	十、十二	十、十九	十、廿六	十一、二	十一、九	十一、十六	十一、廿三	一、十三
七日	十、十三	十、二十	十、廿七	十一、三	十一、十	十一、十七	十一、廿四	一、十四
八日	十、十四	十、廿一	十、廿八	十一、四	十一、十一	十一、十八	十一、廿五	一、十五
九日	十、十五	十、廿二	十、廿九	十一、五	十一、十二	十一、十九	十一、廿六	一、十六
十日	十、十六	十、廿三	十、三十	十一、六	十一、十三	十一、二十	十一、廿七	一、十七
十一日	十、十七	十、廿四	十、卅一	十一、七	十一、十四	十一、廿一	十一、廿八	一、十八
十二日	十、十八	十、廿五	十一、一	十一、八	十一、十五	十一、廿二	十一、廿九	一、十九
十三日	十、十九	十、廿六	十一、二	十一、九	十一、十六	十一、廿三	十一、三十	一、二十
十四日	十、二十	十、廿七	十一、三	十一、十	十一、十七	十一、廿四	十二、一	一、廿一
十五日	十、廿一	十、廿八	十一、四	十一、十一	十一、十八	十一、廿五	十二、二	一、廿二
十六日	十、廿二	十、廿九	十一、五	十一、十二	十一、十九	十一、廿六	十二、三	一、廿三
十七日	十、廿三	十、三十	十一、六	十一、十三	十一、二十	十一、廿七	十二、四	一、廿四
十八日	十、廿四	十、卅一	十一、七	十一、十四	十一、廿一	十一、廿八	十二、五	一、廿五
十九日	十、廿五	十一、一	十一、八	十一、十五	十一、廿二	十一、廿九	十二、六	一、廿六
二十日	十、廿六	十一、二	十一、九	十一、十六	十一、廿三	十一、三十	十二、七	一、廿七
廿一日	十、廿七	十一、三	十一、十	十一、十七	十一、廿四	十二、一	十二、八	一、廿八
廿二日	十、廿八	十一、四	十一、十一	十一、十八	十一、廿五	十二、二	十二、九	一、廿九
廿三日	十、廿九	十一、五	十一、十二	十一、十九	十一、廿六	十二、三	十二、十	一、三十
廿四日	十、三十	十一、六	十一、十三	十一、二十	十一、廿七	十二、四	十二、十一	一、卅一
廿五日	十、卅一	十一、七	十一、十四	十一、廿一	十一、廿八	十二、五	十二、十二	二、一
廿六日	十一、一	十一、八	十一、十五	十一、廿二	十一、廿九	十二、六	十二、十三	二、二
廿七日	十一、二	十一、九	十一、十六	十一、廿三	十一、三十	十二、七	十二、十四	二、三
廿八日	十一、三	十一、十	十一、十七	十一、廿四	十二、一	十二、八	十二、十五	二、四
廿九日	十一、四	十一、十一	十一、十八	十一、廿五	十二、二	十二、九	十二、十六	二、五
三十日	十一、五	十一、十二	十一、十九	十一、廿六	十二、三	十二、十	十二、十七	二、六
卅一日	十一、六	十一、十三	十一、二十	十一、廿七	十二、四	十二、十一	十二、十八	二、七

忌日早見表（十一月）

十一月	初七日 月日	二七日 月日	三七日 月日	四七日 月日	五七日 月日	六七日 月日	七七日 月日	百ヵ日 月日
一日	十一、七	十一、十四	十一、廿一	十一、廿八	十二、五	十二、十二	十二、十九	二、八
二日	十一、八	十一、十五	十一、廿二	十一、廿九	十二、六	十二、十三	十二、二十	二、九
三日	十一、九	十一、十六	十一、廿三	十一、三十	十二、七	十二、十四	十二、廿一	二、十
四日	十一、十	十一、十七	十一、廿四	十二、一	十二、八	十二、十五	十二、廿二	二、十一
五日	十一、十一	十一、十八	十一、廿五	十二、二	十二、九	十二、十六	十二、廿三	二、十二
六日	十一、十二	十一、十九	十一、廿六	十二、三	十二、十	十二、十七	十二、廿四	二、十三
七日	十一、十三	十一、二十	十一、廿七	十二、四	十二、十一	十二、十八	十二、廿五	二、十四
八日	十一、十四	十一、廿一	十一、廿八	十二、五	十二、十二	十二、十九	十二、廿六	二、十五
九日	十一、十五	十一、廿二	十一、廿九	十二、六	十二、十三	十二、二十	十二、廿七	二、十六
十日	十一、十六	十一、廿三	十一、三十	十二、七	十二、十四	十二、廿一	十二、廿八	二、十七
十一日	十一、十七	十一、廿四	十二、一	十二、八	十二、十五	十二、廿二	十二、廿九	二、十八
十二日	十一、十八	十一、廿五	十二、二	十二、九	十二、十六	十二、廿三	十二、三十	二、十九
十三日	十一、十九	十一、廿六	十二、三	十二、十	十二、十七	十二、廿四	十二、卅一	二、二十
十四日	十一、二十	十一、廿七	十二、四	十二、十一	十二、十八	十二、廿五	一、一	二、廿一
十五日	十一、廿一	十一、廿八	十二、五	十二、十二	十二、十九	十二、廿六	一、二	二、廿二
十六日	十一、廿二	十一、廿九	十二、六	十二、十三	十二、二十	十二、廿七	一、三	二、廿三
十七日	十一、廿三	十一、三十	十二、七	十二、十四	十二、廿一	十二、廿八	一、四	二、廿四
十八日	十一、廿四	十二、一	十二、八	十二、十五	十二、廿二	十二、廿九	一、五	二、廿五
十九日	十一、廿五	十二、二	十二、九	十二、十六	十二、廿三	十二、三十	一、六	二、廿六
二十日	十一、廿六	十二、三	十二、十	十二、十七	十二、廿四	十二、卅一	一、七	二、廿七
廿一日	十一、廿七	十二、四	十二、十一	十二、十八	十二、廿五	一、一	一、八	二、廿八
廿二日	十一、廿八	十二、五	十二、十二	十二、十九	十二、廿六	一、二	一、九	三、一
廿三日	十一、廿九	十二、六	十二、十三	十二、二十	十二、廿七	一、三	一、十	三、二
廿四日	十一、三十	十二、七	十二、十四	十二、廿一	十二、廿八	一、四	一、十一	三、三
廿五日	十二、一	十二、八	十二、十五	十二、廿二	十二、廿九	一、五	一、十二	三、四
廿六日	十二、二	十二、九	十二、十六	十二、廿三	十二、三十	一、六	一、十三	三、五
廿七日	十二、三	十二、十	十二、十七	十二、廿四	十二、卅一	一、七	一、十四	三、六
廿八日	十二、四	十二、十一	十二、十八	十二、廿五	一、一	一、八	一、十五	三、七
廿九日	十二、五	十二、十二	十二、十九	十二、廿六	一、二	一、九	一、十六	三、八
三十日	十二、六	十二、十三	十二、二十	十二、廿七	一、三	一、十	一、十七	三、九

閏年は太線以下一日ずつ繰上げのこと（三月一日は二月二十九日となる）

忌日早見表（十二月）

十二月	初七日 月日	二七日 月日	三七日 月日	四七日 月日	五七日 月日	六七日 月日	七七日 月日	百カ日 月日
一日	十二、七	十二、十四	十二、廿一	十二、廿八	一、四	一、十一	一、十八	三、十
二日	十二、八	十二、十五	十二、廿二	十二、廿九	一、五	一、十二	一、十九	三、十一
三日	十二、九	十二、十六	十二、廿三	十二、三十	一、六	一、十三	一、二十	三、十二
四日	十二、十	十二、十七	十二、廿四	十二、卅一	一、七	一、十四	一、廿一	三、十三
五日	十二、十一	十二、十八	十二、廿五	一、一	一、八	一、十五	一、廿二	三、十四
六日	十二、十二	十二、十九	十二、廿六	一、二	一、九	一、十六	一、廿三	三、十五
七日	十二、十三	十二、二十	十二、廿七	一、三	一、十	一、十七	一、廿四	三、十六
八日	十二、十四	十二、廿一	十二、廿八	一、四	一、十一	一、十八	一、廿五	三、十七
九日	十二、十五	十二、廿二	十二、廿九	一、五	一、十二	一、十九	一、廿六	三、十八
十日	十二、十六	十二、廿三	十二、三十	一、六	一、十三	一、二十	一、廿七	三、十九
十一日	十二、十七	十二、廿四	十二、卅一	一、七	一、十四	一、廿一	一、廿八	三、二十
十二日	十二、十八	十二、廿五	一、一	一、八	一、十五	一、廿二	一、廿九	三、廿一
十三日	十二、十九	十二、廿六	一、二	一、九	一、十六	一、廿三	一、三十	三、廿二
十四日	十二、二十	十二、廿七	一、三	一、十	一、十七	一、廿四	一、卅一	三、廿三
十五日	十二、廿一	十二、廿八	一、四	一、十一	一、十八	一、廿五	二、一	三、廿四
十六日	十二、廿二	十二、廿九	一、五	一、十二	一、十九	一、廿六	二、二	三、廿五
十七日	十二、廿三	十二、三十	一、六	一、十三	一、二十	一、廿七	二、三	三、廿六
十八日	十二、廿四	十二、卅一	一、七	一、十四	一、廿一	一、廿八	二、四	三、廿七
十九日	十二、廿五	一、一	一、八	一、十五	一、廿二	一、廿九	二、五	三、廿八
二十日	十二、廿六	一、二	一、九	一、十六	一、廿三	一、三十	二、六	三、廿九
廿一日	十二、廿七	一、三	一、十	一、十七	一、廿四	一、卅一	二、七	三、三十
廿二日	十二、廿八	一、四	一、十一	一、十八	一、廿五	二、一	二、八	三、卅一
廿三日	十二、廿九	一、五	一、十二	一、十九	一、廿六	二、二	二、九	四、一
廿四日	十二、三十	一、六	一、十三	一、二十	一、廿七	二、三	二、十	四、二
廿五日	十二、卅一	一、七	一、十四	一、廿一	一、廿八	二、四	二、十一	四、三
廿六日	一、一	一、八	一、十五	一、廿二	一、廿九	二、五	二、十二	四、四
廿七日	一、二	一、九	一、十六	一、廿三	一、三十	二、六	二、十三	四、五
廿八日	一、三	一、十	一、十七	一、廿四	一、卅一	二、七	二、十四	四、六
廿九日	一、四	一、十一	一、十八	一、廿五	二、一	二、八	二、十五	四、七
三十日	一、五	一、十二	一、十九	一、廿六	二、二	二、九	二、十六	四、八
卅一日	一、六	一、十三	一、二十	一、廿七	二、三	二、十	二、十七	四、九

閏年は太線以下一日ずつ繰上げのこと（三月一日は二月二十九日となる）

昭和四九年　九月十七日第　一　刷©
平成二六年十二月　十日第二十七刷

真宗法名字選

編　集　東京教化グループ研究部
発行者　中　山　治　子
装幀者　大　森　忠　行

発行所　中　山　書　房　仏　書　林
〒一一三―〇〇三四　東京都文京区湯島二―一四―四
電　話　〇三―三八三三―七六七六
FAX　〇三―三八三三―七六七七
http://www.kotobuki-p.co.jp/nakayama/index.htm

真宗法名字選
(オンデマンド版)

Digital Publishing

2021年2月1日　発行

編　集　　東京教化グループ研究部
発行者　　石原　大道
発行所　　中山書房仏書林
〒150-0022 東京都渋谷区恵比寿南2-16-6 サンレミナス202
TEL 03-6805-1555
FAX 03-5724-3503

印刷・製本　　株式会社　デジタルパブリッシングサービス
URL https://d-pub.sakura.ne.jp/

ISBN978-4-89097-195-4　　Printed in Japan